W0181119

Dominik Markl (Hg.)

Elijah & seine Raben

Dominik
Markl (Hg.)

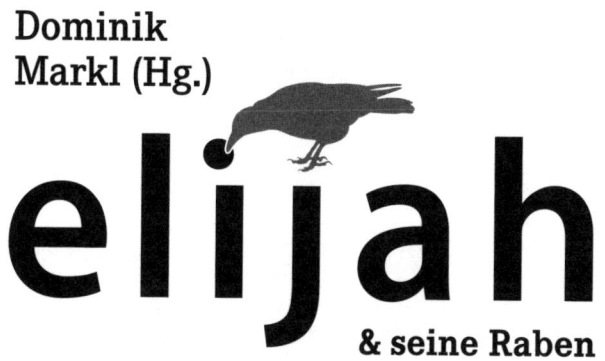

elijah

& seine Raben

Wie Georg Sporschill
die Bibel für das
Leben liest

AMALTHEA

Die Autoren und der Verlag danken der Tageszeitung *Die Presse* und deren Chefredakteur Rainer Nowak für die freundliche Abdruckgenehmigung der Bimails.

Besuchen Sie uns im Internet unter:
www.amalthea.at
www.elijah.ro/bimail

1. Auflage Jänner 2016
2. Auflage März 2016

© 2016 by Amalthea Signum Verlag, Wien
Alle Rechte vorbehalten
Umschlaggestaltung: Elisabeth Pirker, OFFBEAT
Umschlagfotos: © Elijah
Herstellung: VerlagsService Dietmar Schmitz GmbH, Heimstetten
Gesetzt aus der 10,75/14,3 Pt Minion Pro
Printed in the EU
ISBN 978-3-99050-029-3

Inhalt

KARDINAL DR. CHRISTOPH SCHÖNBORN
ERZBISCHOF VON WIEN

Wien, im Dezember 2015

P. Georg Sporschill zum 70. Geburtstag

Lieber Pater Georg!

Seit fünfundzwanzig Jahren bist Du ein »Jesuit, der mit Straßenkindern lebt«. Du hast Dein Leben den Obdachlosen gewidmet, den Drogensüchtigen, den Straßenkindern in Rumänien, Moldawien, Bulgarien. Die Arbeit mit »Europas vergessenen Kindern« wurde für beide Seiten zu einer Schule der Freundschaft.

Was hat Dein Leben geformt? Drei Prägungen gehören gewiss dazu: Zunächst die Exerzitien des heiligen Ignatius von Loyola. Sie waren Deine erste große Lebensschule. Sie haben Deine Liebe zur Bibel geweckt und vertieft. Täglich liest Du in der Bibel, und sie wurde für Dich zu einem »Handbuch für die Sozialarbeit«. Sie gibt Dir Mut und Hoffnung und zwingt Dich, weiterzugehen und noch mehr zu erwarten von Gott, der größer ist als wir und der immer noch Überraschungen für uns parat hat.

16

Eine zweite große Lebensschule waren Deine Freundschaften mit Kardinal König und Kardinal Martini. Von Kardinal König hast Du viel Ermutigung bekommen für Deine Initiativen. Von Kardinal Martini hast Du Geduld gelernt. Die Liebe zur Kirche hat Euch verbunden. Jesuit wie Du, hat er in unzähligen Menschen die Freude an der Bibel geweckt und vielen das Wort Gottes erschlossen.

Die wichtigste Schule des Lebens in der Nachfolge Jesu aber sind für Dich die Armen. Sie sind Deine »stärksten Lehrer«. Sie öffnen uns die Augen für das, was wirklich zählt. Was 1991 in Bukarest begann, wurde zu Deiner Lebensaufgabe, die sich in den Sozialprojekten Concordia und Elijah verwirklicht. In Papst Franziskus hast Du nun einen besonderen Fürsprecher. Auch er ist Jesuit, und er hat Dich durch sein Wort und sein Lebenszeugnis so sehr berührt, wie Du es nie vorher erlebt hast, wie Du bekannt hast. Christliche Nächstenliebe entscheidet sich an der Frage Jesu: Was hast du dem geringsten meiner Brüder getan? Diese Frage entscheidet letztlich über unser Schicksal und unser Glück.

Lieber Pater Georg! Willkommen im Kreis der Siebzigjährigen! Danke für Deine Freundschaft. Sie ist für mich ein Stück Lebensschule auf meinem Weg der Nachfolge Jesu.

Mit meinen besten Glück- und Segenswünschen
Dein

+Christoph Karal-Schönborn

Grußworte

Hinausgehen sollen sie, die Jesuiten, dorthin, wo die Not am größten ist, wo sonst niemand hingehen kann oder will. Das war ein zentrales Anliegen unseres Gründers Ignatius von Loyola.

Einer, der das macht, schon lange, bist Du, lieber Georg! Du bist uns Vorbild, Ansporn, Herausforderung. Das ist wichtig und notwendig, wenn auch nicht immer angenehm. Danke.

Gottes reichen Segen wünsche ich Dir, viel Kraft und Licht auf deinem weiteren Weg!

Dr. Bernhard Bürgler SJ
Provinzial

Unruhig ist mein Herz, bis es ruht in dir!« Dieses Wort des heiligen Augustinus gilt auch für die Lebensform meines Freundes Pater Georg. Seine Unruhe ist kreativ, voll von Kompassion und Empathie, wie es Johann Baptist Metz in seiner politischen Theologie gefordert hat. Ein wenig dabei zu sein war mir geschenkt, und nicht nur dafür danke ich Georg.

Dr. Erhard Busek
Vizekanzler a. D. und Bundesminister für Wissenschaft und Unterricht a. D.

Werte wie Mitmenschlichkeit, Solidarität und Hilfsbereitschaft geraten in unserer auf Gewinn und Erfolg ausgerichteten Gesellschaft allzu oft ins Hintertreffen. Pater Sporschill stellt sich dieser Entwicklung entgegen. Seit Jahrzehnten ist er in der Jugend- und Sozialarbeit, zwei der wichtigsten Aufgabengebiete des Jesuitenordens, mit Überzeugung und tiefstem Glauben erfolgreich tätig. Zunächst in Wien und Österreich, später in den Ländern, in denen es nach dem Fall des Eisernen Vorhangs kaum eine Jugend- und Sozialarbeit gegeben hat. So hat er dort unzähligen Kindern und Jugendlichen nicht nur Wärme und Menschlichkeit geschenkt, sondern ihnen auch Hoffnung und Zuversicht gegeben. Dafür sage ich nicht nur im Namen der Stadt Wien danke.

Dr. Michael Häupl
Bürgermeister und Landeshauptmann von Wien

Pater Georg geht dorthin, wo sonst niemand hingeht, und ihm zu folgen ist nicht einfach, aber ein Gebot des sozialen Gewissens.

Dr. Hans Peter Haselsteiner
Unternehmer

Zur Einführung:
Elijah und seine Raben

Dominik Markl

Georg Sporschill hat mit seinen Sozialprojekten viel in Bewegung gebracht. Nach dem Fall des Kommunismus baute er Hilfswerke für Straßenkinder in Rumänien, Moldawien und Bulgarien auf. Jetzt arbeitet er in Siebenbürgen mit Roma-Familien. Was gibt ihm Kraft? Was inspiriert ihn? »Alles, was ich kann, habe ich aus der Bibel gelernt. Sie ist mein Lebensbuch. In ihr geht es um Zorn und Versöhnung, um Leben und Tod. Jesus war ein genialer Sozialarbeiter«, sagt er. Im vorliegenden Buch geht es deshalb vor allem darum, was Georg Sporschill wirklich wichtig ist, was sein Leben innerlich geprägt hat: die Begeisterung für das geheimnisvolle Buch der Bücher, die man dem »Sandlerkönig« des Wien der 1980er-Jahre, dem heutigen Opa ehemaliger Straßenkinder und Spezi der schillerndsten Figuren der österreichischen Society, vielleicht nicht auf den ersten Blick ansieht.

Georg Sporschill liest und versteht die Bibel von ungewöhnlichen Blickwinkeln her. Er geht immer von der Erfahrung aus und lernt aus der Bibel für das Leben. Hier steigen wir am besten aus der Vogelperspektive ein, indem wir uns den Raben anschließen, deren sozialer Scharfsinn im oberösterreichischen Almtal erforscht wird; die Raben werden uns zu einem außergewöhnlichen Menschen führen, zum Propheten Elijah. Mit den Raben fliegen wir schließlich nach Ephesus, wo wir Jesus im Johannesevangelium treffen werden, und mit ihm auch Georg Sporschill und seine Freunde.

Raben: vom Nutzen sozialer Intelligenz

Das herbstliche Laub leuchtet rotbraun und golden im oberrösterreichischen Almtal, als wir uns zum »Biologicum« versammeln. Hier, wo Konrad Lorenz seine Graugänse beobachtet hat, ziehen nun auch die Raben besonderes Interesse auf sich. Während wir im Wildpark an Elchen und Wildschweinen vorbeispazieren, erzählt der Biologe Thomas Bugnyar von den Rabenvögeln, die uns Menschen immer wieder mit ihrer Intelligenz überraschen. Die schwarzen Zeitgenossen, wiewohl für ihre krächzende Stimme bekannt, gehören zu den Singvögeln und können verschiedenste, komplexe Rufe von sich geben. Wir sind zwar erst dabei, ihre Sprache zu erlernen, doch können wir schon etwa zehn typische Schreie mit ihren unterschiedlichen Botschaften verstehen. Beim Fischweiher fliegt gerade ein Schwarm von Junggesellen ein, die hier ihr Revier haben. Sie haben offenbar schmackhafte Beute gefunden, und so wird mit einigem Lärm angeflogen und abtransportiert. Man frisst nicht gleich, sondern versteckt die ergatterten Fleischbrocken – möglichst unbeobachtet von hungrigen Rabenkollegen. Wie konnten die Raben trotz ihres kleinen Gehirns ihre Intelligenz entwickeln?

Die erstaunliche Erkenntnis der Verhaltensforscher ist, dass die Entwicklung von Intelligenz mit sozialen Beziehungen zu tun hat. Raben sind zwar Allesfresser, mögen aber am liebsten Fleisch. Nun können sie selbst keine Beute reißen, sind also von anderen, Beute reißenden Tieren abhängig, die ihnen zu ihrer Leibspeise verhelfen. Beim Aas angekommen, gilt natürlich das Recht des Stärkeren. Zwei sind immer stärker als einer allein, und deshalb kommt es unter Junggesellen sehr auf Freundschaften an. Je mehr Freunde du hast, desto mehr unliebsame Konkurrenten kannst du gemeinsam vertreiben. Hier aber wird die Sache in einer Gruppe von fünfzig Junggesellen kompliziert. Du musst dir deine Freunde merken, sie am Aussehen und an der Stimme erkennen, musst dir merken, wer mit wem gut auskommt und wer mit wem nicht. Und wenn du wirklich zu den Chefs gehören willst, dann solltest du auch dafür sorgen, dass Neuankömmlinge nicht zu viele Freundschaften knüpfen. Denn Freundschaften heißen: Macht in der Gruppe.

Und so verbringen die Rabenjunggesellen viel Zeit mit Spielen. Freunde gewinnt man, indem man einander immer wieder gegenseitig den Nacken krault, mit zärtlichem Spitzschnabel. Die Chefs in der Gruppe haben ihre Freundschaften etabliert und pflegen sie. Zugleich haben sie ein scharfes Auge auf neue Allianzen – und solche sich anbahnenden Freundschaften werden oft gestört. Ein erboster Alpha-Rabe taucht auf und sorgt mit drohenden Gesten und, wenn nötig, auch mit unzärtlichem Spitzschnabel dafür, dass die unerwünschte Kraulerei ein Ende nimmt.

Was lernen wir von der Intelligenz der Raben? Zu den wichtigsten Gründen, warum Tiere Intelligenz entwickelt haben, gehören die Herausforderungen durch komplexe soziale Systeme. Und das gilt auch für uns Menschen. Wenn wir uns heute der außergewöhnlichen Intelligenz der Raben bewusst werden – dieser Vögel mit schlechtem Ruf, die in Rumänien als Schimpfwort für »Zigeuner« herhalten müssen –, hat das vielleicht etwas Ironisches. Denn gerade die Roma stellen häufig entwaffnende soziale Intelligenz unter Beweis, wie einige Anekdoten von Ruth Zenkert über ihren alten Freund Moise in diesem Buch zeigen (vgl. Seite 129 Bimail »Starke Worte«).

Elijah: der Prophet auf dem Feuerwagen

Unsere Raben müssten aus dem oberösterreichischen Almtal zweieinhalbtausend Kilometer nach Südosten fliegen und zweieinhalbtausend Jahre in die Vergangenheit, um zu entdecken, dass Menschen ihre soziale Intelligenz schon zu biblischen Zeiten gespürt haben. Im biblischen Israel hatte sich der Prophet Elijah bei seinem König Ahab unbeliebt gemacht, weil er eine Dürreperiode angekündigt hatte. Gott befahl dem Propheten, in ein entlegenes Tal im heutigen Jordanien zu fliehen: »Aus dem Bach sollst du trinken, und den Raben habe ich befohlen, dich dort zu ernähren.« (1 Könige 17) Gott selbst spricht mit den Raben, und sie bringen Elijah morgens und abends Brot und Fleisch. Nicht erst beim heiligen Franziskus von Assisi wird deutlich, dass spirituelle Menschen manchmal eine besondere Beziehung zu Tieren haben. Heute wird diese Verbindung von Spiritualität und Natur wichtiger denn je, wie Papst Franziskus mit seiner Enzyklika *Laudato si'* unterstrichen hat. •

Ohne die Raben hätte Elijah seine erste Flucht nicht überlebt. Als der Bach austrocknet, schickt Gott Elijah ins Ausland, zu den Sidoniern im heutigen Libanon. Zu einer armen Witwe und ihrem Sohn, die ums Überleben kämpfen. Die Frau möchte mit ihrem letzten bisschen Mehl und Öl ein Brot backen, um es mit ihrem Kind zu essen und dann zu sterben. Der fremde Gast jedoch wird zum Lebensretter. Öl und Mehl gehen nicht aus, solange er im Haus ist. Nicht nur die unliebsamen Raben, auch unerwartete Ausländer, »die uns den letzten Bissen wegessen wollen«, können zu Lebensrettern werden.

Diese ersten Episoden der Geschichte von Elijah zeigen, was typisch für die biblischen Propheten ist – und auch für Jesus. Sie geraten oft in Konflikt mit politischen Autoritäten, werden an den Rand der Gesellschaft gedrängt und haben eine besondere Nähe zu Menschen in Lebensgefahr. Diese extremen sozialen Erfahrungen scheinen Elijah, der ohnehin ein kantiger Charakter ist, noch feuriger werden zu lassen. Feuer spielt von nun an eine zentrale Rolle in seinem Leben. Als er sich am Berg Karmel mit den Propheten des Gottes Baal anlegt, kommt göttliches Feuer vom Himmel, um Elijahs Opfer zu verzehren. Nachdem Elijah aber die Baalspropheten mit dem Schwert getötet hat und in die Wüste zum Gottesberg Horeb fliehen muss, befiehlt ihm Gott, sich an den Eingang seiner Höhle zu stellen. Da kommt ein »Sturm, der die Berge zerriss und Felsen zerbrach«, doch Gott ist nicht im Sturm. Da erbebt die Erde, doch Gott ist nicht im Erdbeben. Da kommt Feuer, doch Gott ist nicht im Feuer. Nun erklingt eine »Stimme verschwebenden Schweigens«, wie Martin Buber genial übersetzt hat; in diesem verschwebenden Schweigen ist Gott gegenwärtig (1 Könige 19). Diesmal muss der leidenschaftliche Elijah etwas über Sanftmut lernen.

Diese Erfahrung verändert ihn jedoch nicht grundlegend. Gegen Ende seines Lebens schickt König Ahasja zweimal Hauptmänner mit je fünfzig Leuten Gefolge zum Propheten, der auf einem Berggipfel sitzt, um ihm zu befehlen, er solle herunterkommen. Doch Elijah lässt jeweils Feuer vom Himmel fallen, das die Leute auffrisst. Feuer erscheint nicht zufällig auch bei Elijahs letztem Weg. Nachdem er mit seinem engsten Schüler Elischa durch den Jordan gezogen ist, erscheint ein Feuerwagen mit Feuerpferden, und »Elijah fuhr im Wirbelsturm zum Himmel empor« (2 Könige 2).

Elijah ist einer jener brennenden Charaktere, an denen man Feuer fangen, an denen man sich aber auch verbrennen kann. Es ist kein Zufall, dass Georg Sporschill »Elijah im Feuerwagen« als »Programm für die Sozialarbeit« gewählt hat (vgl. Seite 119). Auch Pater Sporschill ist ein vulkanöser Typ. Für ihn müssen Chilis scharf sein und die Aufgabe *challenging*, von vornherein möglichst unbewältigbar. Wer fängt sonst ein Sozialprojekt mit Roma in Rumänien an? Explosionen sind vorhersehbar. Wer sich auf eine Zusammenarbeit mit einem solchen prophetischen Sozialarbeiter einlässt, muss sich auf heftige Auseinandersetzungen und starke Erfahrungen gefasst machen. Langweilig wird es mit ihm sicher nicht.

Als seine Stunde gekommen war: weitergeben, was wirklich wichtig ist

Begleiten wir unsere Raben auf ihrem Rückflug aus dem biblischen Israel Richtung Almtal, könnte uns eine Zwischenrast an der Westküste der Türkei willkommen sein, am besten bei Ephesus. Österreichische Archäologen haben die Stadt, eine der prominentesten der römischen Antike, seit mehr als einem Jahrhundert erforscht und restauriert. In der Nähe versammelt Georg Sporschill regelmäßig ehemalige Straßenkinder, Freunde und Sponsoren seiner Projekte, um am Meer Erholung zu finden und in den Ruinen die alte Welt zu berühren. Paulus hatte Mitte des 1. Jahrhunderts die christliche Gemeinde von Ephesus gegründet. Laut der Apostelgeschichte provozierte die neue Bewegung den Zorn der Silberschmiede, die um das Geschäft ihres Devotionalienhandels fürchteten und eine Volksversammlung im Theater organisierten, bei der die Menge zwei Stunden lang schrie: »Groß ist die Artemis von Ephesus!« (Apostelgeschichte 19)

In Ephesus wurde aller Wahrscheinlichkeit nach gegen Ende des 1. Jahrhunderts das Johannesevangelium verfasst. Die Evangelien nach Markus, Matthäus und Lukas waren schon bekannt, doch die Gemeinde von Ephesus sah sich mit

26

neuen Herausforderungen konfrontiert. Hier hatte die griechische philosophische Tradition großen Einfluss, und der Konflikt mit Juden, die Jesus nicht als Messias anerkannten, spitzte sich zu. Der Autor des Johannesevangeliums baute daher ein Element in seine Jesus-Biografie ein, das in keinem der anderen Evangelien vorkommt und das zum inhaltlichen, theologischen Höhepunkt werden sollte: die Abschiedsreden, die Jesus vor seinem Prozess hält (Johannes 13–17). »Vor dem Paschafest, da Jesus wusste, dass seine Stunde gekommen war, um aus dieser Welt zum Vater hinüberzugehen – liebend die Seinen, die in der Welt waren, liebte er sie zur Vollendung.« So die berühmte Einleitung zur Fußwaschung, die als symbolisches Programm die Abschiedsreden eröffnet. »Wenn nun ich, der Herr und Meister, euch die Füße gewaschen habe, dann müsst auch ihr einander die Füße waschen.«

Jesus fasst in den folgenden Reden seine wichtigsten Anliegen zusammen: »Ein neues Gebot gebe ich euch: Liebt einander! Wie ich euch geliebt habe, so sollt auch ihr einander lieben.« Er verwendet starke Bilder. »Ich bin der Weg, die Wahrheit und das Leben ... Ich bin der Weinstock, ihr seid die Reben. Wer in mir bleibt und in wem ich bleibe, der bringt reiche Frucht; denn getrennt von mir könnt ihr nichts vollbringen.« Jesus verspricht seine Nähe auch in der Zukunft: »Wenn er aber kommt, der Geist der Wahrheit, wird er euch in der ganzen Wahrheit leiten.« Zuletzt spricht er ein mystisches Gebet. »Alle sollen eins sein: Wie du, Vater, in mir bist und ich in dir bin, sollen auch sie in uns sein.«

In Ephesus liest Georg Sporschill besonders gern das Johannesevangelium. Da sitzt man in bunter Runde – Jugendliche aus den osteuropäischen Projekten und österreichische Volontäre, Unternehmer und Freunde – bei Sonnenuntergang auf den Ruinen hellenistischer Stadtmauern,

schaut auf das Meer hinaus und liest eine Stelle der Abschiedsreden. Als junger Student war ich erstmals dabei, und der
Pater forderte mich heraus: »Erzähl uns eine Geschichte,
damit wir die Stelle besser verstehen!« Ich war es gewohnt,
die Bibel auf Griechisch und Hebräisch zu lesen, Jahreszah-
len und historische Theorien zu studieren, aber ich stotterte
nur herum, wenn es darauf ankam, zu erklären, was die Bibel
für das Leben zu bedeuten hat. Die Herausforderung hat mir
geholfen.

Wer die folgenden Gedanken liest, sitzt mit uns zusammen in dieser bunten Runde auf der Stadtmauer. Am besten
stellt man sich das Meer vor und den Sonnenuntergang und
Moise, der zwischendurch trommelt und einen Scherz
macht. Abwechselnd erzählen Georg Sporschill, seine lang-
jährige Mitarbeiterin Ruth Zenkert, sein Studienfreund Josef
Steiner und ich, sein junger Mitbruder im Jesuitenorden,
eine Geschichte zu dem Bibelvers, den wir gerade gelesen
haben. Ruth Zenkert hatte die Idee, diese Geschichten aufzu-
schreiben und als »Bimails« an Freunde zu verschicken;
wöchentlich erscheinen sie auch in der Tageszeitung *Die
Presse*. Unter unseren Freunden möchte ich Brigitte Hil-
zensauer danken; sie hat die Bimails mit großem Einfüh-
lungsvermögen lektoriert.

Die folgenden hundertundein Bimails beziehen sich
jeweils auf eine Stelle der johannäischen Abschiedsreden
(außer zwei Weihnachts-Bimails, die aus der Reihe tanzen,
vgl. Seite 31 und 194). Die ersten Texte schrieben Georg
Sporschill und Ruth Zenkert 2012, als sie gerade nach Siebenbürgen übersiedelt waren, um ihr neues Roma-Projekt
Elijah zu beginnen; die letzten entstanden drei Jahre später,
als das Projekt schon mehreren Dörfern ein neues Erschei-
nungsbild und Hoffnung auf eine lebendige Zukunft gegeben hatte.

Bevor Elijah mit dem Feuerwagen zum Himmel fuhr, bat ihn sein engster Freund Elischa um etwas von seinem »Geist« oder »Atem« (hebräisch *rūach*). Bevor Jesus in den Tod ging, versprach er seinen Freunden den »Geist« (oder »Atem«, griechisch *pneuma*) seines Vaters. Als Sporschills ehemalige Straßenkinder in der Kapelle sangen und für ihre Freunde beteten, die noch auf der Straße oder in den Kanälen lebten, sind mir oft die Tränen gekommen; so stark wie selten sonst spürte ich da einen solchen »Atem«. Dieser himmlische »Geist« ist eine Kraft, die unsere soziale Intelligenz über ihre üblichen Grenzen hinaus beflügelt und tiefe soziale Gräben überwinden kann. Man spürt sie auch, wenn unser muslimischer Freund Ogi Violine spielt (vgl. Seite 220). »Is' des nit schön?«, raunt mir Pater Sporschill in solchen Momenten zu. »Du musst doch zugeben, dass wir Jesuiten ein schönes Leben haben.«

Für Elijah waren die Raben Lebensretter. Georg Sporschill hat oft Menschen, die am Rande der Gesellschaft und in bitterster Armut lebten, mit denen er seine Lebensaufgabe gefunden hat, als seine Lebensretter empfunden. Meinem Herzensfreund Georg wünsche ich starke kommende Jahre, um weiterzugeben, was uns wirklich wichtig ist.

In unserer Krippe liegt ein Rabenkind

Menschwerdung in Europa. Wer fordert von uns
und gibt uns, was nicht zu kaufen ist?

Georg Sporschill

....

*Die Raben brachten ihm Brot und Fleisch am Morgen
und ebenso Brot und Fleisch am Abend.*

1 KÖNIGE 17,6

Das ärgste Schimpfwort für die Roma-Bevölkerung in
Rumänien ist *cioara*, es bedeutet so viel wie Krähen oder
Raben. Kinder ärgern sich gegenseitig, wenn sie mit den
Armen wippen und den Flügelschlag des Raben nachahmen.
So zeigen sie dem anderen: Du bist ein Kind von Raben-
eltern, du bist ein Zigeuner.

Den Raben wird oft Unrecht getan, vor allem ihren Eltern.
»Wer bereitet dem Raben seine Nahrung, wenn seine Jungen
zu Gott schreien und umherirren ohne Futter?« (Ijob 38,41).

Seit Luther diesen Text aus dem Alten Testament interpre-
tierte, spricht man abwertend von Rabeneltern und Raben-
müttern. Biologen beobachten allerdings das Gegenteil,
wenn junge Raben das Nest verlassen und unbeholfen erste
Schritte versuchen. Ihre Eltern futtern die hungrigen Jungen
wochenlang und schützen sie, bis sie fliegen können.

Die Bibel adelt die Raben geradezu, weil sie einem Flücht-
ling zu überleben helfen. Als sich der Prophet Elijah vor dem
ungerechten König in der Wüste verstecken musste, »brachten Raben ihm Brot und Fleisch am Morgen und ebenso Brot
und Fleisch am Abend«. Auf rumänischen Ikonen wird der
Prophet Elijah deshalb oft mit dem lebensrettenden Raben

31

dargestellt. Und wir haben ihn als Symbol für unseren neuen Verein Elijah gewählt, weil wir das Zusammenleben mit der Roma-Bevölkerung suchen.

In Ziegental/Țichindeal, das meine Gemeinde geworden ist, gibt es in der vierklassigen Volksschule nur noch Roma-Kinder. Die anderen Rumänen sind alt oder weggezogen. Die Roma-Familien mit ihren vielen Kindern leben in bitterer Armut und Verwahrlosung. Die vierzehnjährige Victoria schaut mich mit ihren funkelnden schwarzen Augen an und fragt, ob sie in der Bäckerei mithelfen dürfe, um für zu Hause Brot zu bekommen. Wenn sie Arbeit bekäme, könnte sie dem üblichen Schicksal entkommen: dass sie an einen älteren Mann vergeben werden muss. Eltern und Kinder kämpfen Seite an Seite ums Überleben. Wenn sie helfen dürfen, sind sie froh. Tagsüber kommen viele Kinder in unser Haus mit dem großen hellen Raum, wo es warm ist. Ein Brot mit Käse macht sie glücklich. Und dann ist Musikstunde, es wird getrommelt, getanzt und im Chor gesungen.

Unter den fröhlichen Kindern denke ich oft an die einfache Rechnung, die Viktor Frankl aufstellte: Wir geben ihnen Brot, sie geben uns Sinn. Kein schlechtes Geschäft. Mir geht es wie einer jungen Volontärin, die nach einem Jahreseinsatz sagte: »Ich bin gekommen, um zu helfen. Viel mehr aber wurde mir geholfen.« Sie weiß jetzt, wie gut es ihr geht, wie reich sie ist und dass sie die Kraft hat, Leben zu retten. Ihr neues Selbstbewusstsein verdankt sie den Rabenkindern.

Die Rabenkinder fordern, aber viel mehr noch schenken sie, was wir nicht kaufen können. Einen Frieden, den die Welt nicht geben kann. In unserer Krippe liegt in diesem Jahr ein Rabenkind, mit dem wir leben lernen müssen. Es hilft uns in Europa, Mensch zu werden.

Von der kreativen Kraft des Selbstzweifels

Welche Brüche meiner Biografie stellen meine Identität
infrage? Welche Kräfte können sie freisetzen?

Dominik Markl

....

Als Jesus wusste, dass seine Stunde gekommen war,
um aus dieser Welt zum Vater hinüberzugehen …
JOHANNES 13,1

Charlie Chaplin, die wohl strahlendste Ikone des Humors
im 20. Jahrhundert, erlebte eine Kindheit voller Traumata. Sein Vater war Alkoholiker und vernachlässigte die
Kinder. Die alleinerziehende Mutter Hannah war so mittel-
los, dass Chaplin mit sieben Jahren in einem Londoner
Workhouse arbeiten musste. Er wurde von seiner Mutter
getrennt, kam in ein Waisenhaus, wurde misshandelt. Mit
neun Jahren musste er erleben, wie Hannah erstmals eine
Psychose erlitt, wohl verursacht durch schlechte Ernährung
und Syphilis. Mit zwölf verlor Charlie seinen Vater; für
Monate fühlte er sich vor Trauer unfähig zu atmen. Mit vier-
zehn musste er Hannah endgültig ins Irrenhaus bringen und
ihr Schicksal akzeptieren. Inmitten dieses Desasters von
Armut und Schicksalsschlägen entwickelte Chaplin sein
Talent und seinen festen Willen, Komödiant zu werden. Als
Achtzehnjähriger erlebte er seine ersten größeren Bühnen-
erfolge in London, sechs Jahre später folgte sein Filmdebüt in
Los Angeles. Während des Ersten Weltkrieges brachte er die
Welt als »The Tramp« zum Lachen, während des Zweiten
Weltkriegs verhöhnte er in *The Great Dictator* Hitler als
Adenoid Hynkel und Mussolini als Benzino Napaloni. Wie

konnte ein in seiner Kindheit zutiefst traumatisierter Mensch zum Inbegriff intelligenten Humors und in Krisenzeiten der Aufheiterung der Menschheit werden?

Wenn man der Biografie des Filmkritikers John McCabe Glauben schenken darf, erinnerte sich Chaplin an eine Kindheitsszene von symbolischer Bedeutung. Mutter Hannah, von der Chaplin als überaus feiner und gebildeter Frau sprach, habe dem kranken Kind aus den Evangelien vorgelesen. Jesu Ausruf am Kreuz »Mein Gott, mein Gott, warum hast du mich verlassen!« erklärte sie als Ausdruck seiner Menschlichkeit, da selbst er Zweifel gehabt habe – worauf Hannah und Charlie gemeinsam weinten. Was an diesem Tod so bewegend ist – die dramatische Spannung zwischen Todesangst und vollkommener Hingabe –, fasst der Evangelist Johannes in einem einzigen Vers zusammen. »Als Jesus wusste, dass seine Stunde gekommen war« – kein selbstsicheres und bequemes Wissen, sondern voller kaltem Schweiß der Todesangst –, »liebte er die Seinen bis zur Vollendung.« Die totale Infragestellung seines menschlichen Lebens befähigt Jesus zur absoluten Liebe. Transformierte Selbstzweifel finden sich in den Berufungsgeschichten aller biblischen Propheten. Mose, der behauptet, nicht reden zu können, wird zum größten Redner der Bibel. Jeremia hält sich für zu jung, als Gott ihn zum Propheten für die Nationen erklärt.

Selbstzweifel finden sich in den Biografien aller Genies. Chaplin hielt sich zwar für den größten Schauspieler der Welt, war aber letztlich von fehlender Selbstsicherheit und daraus resultierendem Perfektionismus getrieben. Erst an seinem siebzigsten Geburtstag war er zum Gedicht *Als ich mich selbst zu lieben begann* fähig – ein Ausdruck seiner Versöhnung mit dem eigenen Leben. Welche Brüche meiner Biografie stellen meine Identität infrage? Welche kreativen Kräfte können sie freisetzen?

Liebe, die etwas will

Mein Arbeiten, mein Engagement verfolgen ein Ziel.
Was will ich erreichen?

Josef Steiner

....

Da er die Seinen, die in der Welt waren, liebte,
erwies er ihnen seine Liebe bis zur Vollendung.
JOHANNES 13,1

Lebensfroh, dynamisch und liebevoll verabschiedete er
sich von seiner Frau – zum Sport. Reanimiert nach acht-
zehn Minuten, im Koma auf der Intensivstation liegend fand
sie ihn wieder – Herzstillstand. Realistische Einschätzung
der Ärzte oder die Antwort der Liebe, das war jetzt die Frage.
Die Frau entschied sich für das Zweite. Sie begann mit ihrem
Mann zu arbeiten wie mit einem Neugeborenen. Noch während er im Koma lag, begann sie, sein Erinnerungsvermögen
mit gezielten Sinnesreizen anzuregen: Sie spielte ihm seine
Lieblingsmusik und Naturgeräusche vor; hielt ihm Buntpa-
pier mit dem Gelb der Sonne und dem Blau des Himmels vor
die Augen; ließ ihn auf einem Stofftaschentuch Gerüche von
Flieder und Vanille riechen; legte ihm Prisen von Salz und
Zucker auf die Zunge; gab ihm einen Wattebausch, einen
Stein in die Hand; massierte an seinen Fußsohlen die Reflex-
punkte »Gehirn«; sie beugte und streckte am Tag hundert
Mal langsam seine Gelenke. Als er wieder bei Bewusstsein
und zurück im gewohnten Lebensraum war, brachte sie Hil-
fen zur Orientierung an, »Küche«, »Toilette«, ging klug mit
seinen Verwirrtheiten um und reagierte einfühlsam auf seine
überraschenden Gefühlsausbrüche. Mit einfachen Reimen,

mit Gegensatzworten, mit Bild-Wort-Karten, mit Gedächt-
nis- und Konzentrationsübungen führte sie ihn behutsam
zum Wiedererlernen von Sprache, zum Sätzebilden, Telefo-
nieren. In jahrelanger Arbeit brachte sie ihren Mann so weit,
dass er in Begleitung ausgehen, im Kaffeehaus die Zeitung
lesen und an den Geschehnissen um sich herum wieder teilnehmen konnte. Ihre Liebe hatte ein Ziel: »… und morgen ist
die Nacht vorbei.« Und sie erreichte es.

Das Tun dieser Frau zeigt, wie Jesus die Seinen geliebt hat.
Er will aus ihnen etwas machen: eine menschliche Elite, geistige Führungskräfte, die mit ihm Spuren suchen und Spuren
legen, wie Gott sich die Welt und die Menschen darin vorstellt. Sie sollen mit ihm lernen, nicht die Welt zu richten,
über ihr zu stehen, am allerwenigsten, sie zu verlassen, sondern sie zu retten, Wege zu einem gerechten und friedlichen
Miteinander zu finden. Schritt für Schritt, wie Kinder nimmt
er sie mit in sein Werk. Er lehrt sie mit seinen Worten, von
Gottes Mitgehen und seiner Nähe in Gleichnissen zu erzählen. Er überträgt ihnen seine Energie zu heilsamem Verhal-
ten. Er nimmt ihre Fragen ernst, erträgt ihre Langsamkeit,
auch ihre Angst und Feigheit. Jetzt, am Ende seines Lebens,
kommt seine Liebe zur Vollendung. »Da er die Seinen, die in
der Welt waren, liebte, erwies er ihnen seine Liebe bis zur
Vollendung.« Er wird ihnen die Füße waschen, damit sie
fortan ohne ihn gehen lernen. Er hat sein Ziel erreicht.

Ob die Liebe zur Natur, zu den Tieren, zur Bibel, zu einem
Menschen – immer geht es um die Frage: Wozu? Jedes
Engagement, jeder Einsatz verfolgt ein Ziel. Was will ich mit
meiner Liebe?

Wovon bittere Kräuter
und vier Becher Wein erzählen

Was unterscheidet ein Essen vom Mahl? Wenn die
Freiheit mit allen Sinnen verkostet wird.

Georg Sporschill

....

Es fand ein Mahl statt.
JOHANNES 13,2

Das Geburtstagskind, Kathi aus Vorarlberg, strahlt inmitten der neuen Gemeinschaft, die sich nach zwei Monaten im siebenbürgischen Dorf Hosman/Holzmengen nun
schon in unserem Hof versammelt hat. Unsere rumänischen
Mitarbeiter sind trotz Fastenzeit gekommen, um zu gratulie-
ren. Zwischen Schutt und Baumaterial haben wir Tische auf-
gestellt und mit Frühlingsblumen geschmückt. Zum Essen
kommen ein paar rumänische Jugendliche aus dem Dorf,
zwei unserer Schützlinge aus Bukarest, eine junge Familie
und Freiwillige aus Österreich, Deutschland, Lettland. Endlich kommt auch Ruth von der Arbeit. Nun sitzen alle am
Tisch. Welche Sprache werden wir sprechen? Was gibt es zu
reden? Danciu mit dem schwarzen Hut und Ica im prächti-
gen Faltenrock und mit roten Bändern in den langen Zöpfen
werden zu Lehrern und erzählen Geheimnisse aus ihrer kleinen Volksgruppe, den Cortorari, den Zeltzigeunern.

Es gibt Wein und Wasser aus unserem Ziehbrunnen. Wir
alle lernen die ersten Worte Romanes. Die Jugendlichen
bauen eine Brücke zwischen getrennten Welten, den Besuchern aus Westeuropa, den rumänischen Nachbarn, den
Roma unten im Dorf und den echten Zigeunern, die stolz auf

ihre Kultur sind. Alle singen für Kathi ein rumänisches Volkslied, Moise trommelt, Kinder toben um den Tisch. Ica springt auf und tanzt, ihr roter Rock zieht einen großen Kreis. Jeder ist willkommen, jeder hat mitgeholfen, im Grunde sprechen alle eine gemeinsame Sprache. Was für ein buntes Fest!

Was macht ein Essen zum Mahl? Ablesen können wir es am Seder-Mahl, dem jährlichen Ostermahl, das Jesus mit Israel feiert, wie alle Juden bis zum heutigen Tag. Dieses Mahl ist der Höhepunkt der Tischkultur. Wochenlang wird es vorbereitet, der alte Sauerteig wird aus dem Haus entfernt, das Haus bis in die letzte Ecke gesäubert. Ein besonderes Geschirr kommt auf den Tisch. Alle Speisen haben einen tieferen Sinn: Die bitteren Kräuter erinnern an schwere Tage, rotes Gemüse an die Fronarbeit mit Ziegeln. Der Jüngste am Tisch stellt Fragen zum Sinn des Festes, der Hausvater antwortet mit Geschichten aus der Bibel und aus der Familie. Zehn Tropfen Wein werden auf das Tischtuch gegeben, sie erinnern an die zehn Plagen, die über den Pharao kommen mussten, bis er das Volk in die Freiheit ziehen ließ. Die Speisenabfolge wird von Gesängen begleitet. Vier Becher Wein werden mit Freude getrunken und Gott mit dem Halleluja gepriesen. Bei diesem Essen – es ist die Nacht der Befreiung – stiftet Jesus das Abendmahl, damit wir, die Vielen, zu Dienern der Freude für alle werden.

Beim Mahl mit Freunden am Familientisch und in der heiligen Messe erleben wir Zusammengehörigkeit, Dankbarkeit über das erfahrene Glück und verspüren die Kraft, den Weg der Freiheit weiterzugehen und für die Befreiung zu kämpfen. Welche Tischgenossen braucht es dazu? Welche Themen kommen auf den Tisch? Was gibt es zu essen und welche Worte sind vorbereitet – Gebete, Dank, Erinnerungen, Zukunftspläne? Wann wird aus dem Essen ein Mahl, bei dem wir die Freiheit mit allen Sinnen erleben?

Ein teuflischer Gewinn

Über die positive Rolle des Teufels. Wer ist bei uns der Judas, der Verwirrer und Unruhestifter? Wer durchbricht die Vorstellungen und engen Grenzen?

Ruth Zenkert

....

Und der Teufel hatte Judas, dem Sohn des Simon Iskariot,
schon ins Herz gegeben, ihn auszuliefern.
JOHANNES 13,2

Mit ein paar jungen Leuten waren wir in ein desolates altes Bauernhaus eingezogen, jetzt war es eine Baustelle. Der neue Tag begann mit einer Aufregung: Angela hatte in der Nacht das Tor unseres Hofs zugesperrt und den Schlüssel in ihre Jackentasche gesteckt; nun war er weg und nicht mehr zu finden. Auch der heilige Antonius half nicht. Die Suche drückte die Stimmung. Eine Stunde später kam Moise – mein ewiger Schützling aus Bukarest – in die Küche und hielt den großen Schlüssel in die Höhe. Er behauptete, er habe ihn beim Bauschutt gefunden, die Arbeiter hätten ihn dort hingeworfen. Aber es war klar, er selbst hatte den Schlüssel geklaut, damit er nach Belieben kommen und gehen konnte. Ich wollte ihn zur Rede stellen, da war er schon verschwunden. Am Abend war er immer noch nicht zurück. Wir gingen zu den Nachbarn und klopften an der Türe. Dort saß Moise glücklich mit den Kindern, sie waren schon dicke Freunde geworden. Widerwillig kam er mit nach Hause. Dort fielen alle über den Dieb her. Sie beschimpften ihn, fragten mich, warum er bei uns sein dürfe, er sei eine Zumutung für alle. Am nächsten Tag ging ich mit Moise durchs Dorf, um in

Ruhe mit ihm zu reden. Doch von Ruhe war keine Rede – alle kannten ihn, jeder grüßte ihn. Auch der Pfarrer erwartete ihn am Sonntag im Gottesdienst, er hatte einen besonderen Platz neben der Ikone reserviert. Durch Moise wissen die Leute, wer wir sind, und haben uns aufgenommen. Er, selbst ein Roma, sperrt uns das Tor auf zu den Herzen der Roma.

Moise hat mich gelehrt, den Teufel mit neuen Augen zu sehen. In unserem Text steht im Griechischen *diábolos*, wörtlich übersetzt ist das der Verwirrer, der Unruhestifter. Dieser Verwirrer sitzt im Kronrat Gottes. Im Buch Ijob treten die Gottessöhne vor den Herrn, mit ihnen kommt auch der Teufel (Ijob 1,6). Gott gibt ihm den Ijob mitsamt seinem Besitz in die Hand und erlaubt ihm, den Untadeligen auf die Probe zu stellen. Durch diese Verwirrungen soll Ijob zu tiefster Menschlichkeit gelangen und den Hochmut des Heiligen ablegen.

Ähnlich positiv oder zumindest ambivalent ist, was der Teufel mit Judas treibt. Er legt ihm ins Herz, Jesus auszuliefern. Judas sprengt die religiösen Grenzen des Judentums und treibt Jesus und das Heil, das er bringt, in die Hände der Heiden. Pilatus, der Vertreter des Römischen Reiches, steht für die verlorene Welt, in der die Menschenwürde nichts gilt und jede Orientierung fehlt. Dorthin überliefert Judas, vom Teufel getrieben, das Heil. Jesus hat bewusst diesen Judas in den Kreis seiner Zwölf genommen. Er braucht offensichtlich den Verwirrer, der dem Heil das Tor zur Welt öffnet.

Der Teufel ist schwer auszuhalten. Moise führt mich fast täglich an meine Grenzen und darüber hinaus. Doch er durchbricht die Mauern hin zur Welt der Roma, die wir kennen lernen wollen und in der wir arbeiten möchten.

Wer ist bei uns der Judas, der Verwirrer und Unruhestifter? Wer durchbricht die Vorstellungen und engen Grenzen?

Zurück zu den Wurzeln

Meine Herkunft gibt mir Zukunft.
Wo bin ich aufgewachsen? Was trägt mich,
das ich von dort mitbekommen habe?

Josef Steiner

....

*Jesus, der wusste, dass er von Gott gekommen war
und zu Gott zurückkehrte.*

JOHANNES 13,3

Gott erschuf den Menschen erst am letzten Schöpfungs-
tag. Warum? Damit der Mensch nicht überheblich sei
und nie vergesse, dass selbst das geringste Lebewesen vor
ihm da war. Gott erschuf Adam allein. Warum? Damit die
Nachkommen sich nicht untereinander zu vergleichen
beginnen und sagen: Mein Vater ist größer als deiner,
berühmter und reicher; meine Mutter schöner, klüger und
tüchtiger als deine; meine Eltern von besserer Herkunft,
edler, gebildeter als deine. Schließlich formte Gott mit eigenen Händen den Menschen aus Erde, die er aus allen fünf
Erdteilen nahm. Warum? Damit nicht die Menschen eines
Landes, einer Rasse, eines Volkes überheblich werden und
sich erwählter und besser dunken als die anderen. Diese
Wurzel seiner Herkunft soll der Mensch nie vergessen. So
weit eine mythische jüdische Auslegung der biblischen
Schöpfungserzählung.

Die Herkunft Jesu drückt die Bibel in einem für uns frem-
den Bild aus. Er ruhte vor seiner Geburt am Herzen des
Vaters und kam dann in die Welt, um von ihm zu erzählen.
Gemeint ist damit, dass Jesus von klein auf die Worte der

Bibel in und an sein Herz nahm, dass er sie auswendig lernte. Als Zwölfjähriger konnte er deshalb mit den Schriftgelehrten im Tempel ein Bibelgespräch führen, bei dem alle über die Fragen und Antworten dieses jungen Menschen staunten. Seinen verunsicherten Eltern musste er sagen, dass die Bibel jetzt sein Haus sein würde, in dem er in Zukunft selbstständig wohnen wolle. Bei allen wichtigen Entscheidungen in seiner Arbeit ging er in die Stille und Einsamkeit, damit er – um im Bild zu bleiben – mit seinem Ohr auf den Herzschlag seines Vaters hören konnte. Wen sollte er als Mitarbeiterinnen und Mitarbeiter auswählen? Wie auf die Überforderung und Aggressionen der Verantwortlichen reagieren? Sollte er mehr als Arzt und Therapeut oder als Prediger und Prophet oder als Politiker und König aktiv werden? Bezugspunkt seiner Entscheidungen blieb Gott so sehr, dass die Bibel am Ende seines Lebens bezeugen konnte, Jesus habe gewusst, »dass er von Gott gekommen war und zu Gott zurückkehrte«. Seine Herkunft bestimmt seine Zukunft. Auch sie wird die Bibel dann in ein Bild fassen – in seiner Erhöhung zur Rechten des Vaters.

Where do you come from? Woher kommen Sie? Es ist die erste Frage, die man gewöhnlich in der Fremde gestellt bekommt. Reinhard Fendrichs *I am from Austria*, Gert Steinbäckers Kultsong *Fürstenfeld* – seit 1984 millionenfach, bei fast jedem größeren und kleineren Fest gespielt und gesungen – zeigen, wie sehr die Menschen über ihre Wurzeln nachdenken. Die Vorarlberger gelten als tüchtig, die Tiroler als stur. Ich selbst habe mich lange geschämt, aus Osttirol zu kommen und von armen Bauern abzustammen. Inzwischen hat sich das geändert. Das Menschenbild der Bibel hat dabei geholfen. Meine Herkunft gibt mir Zukunft. Wo bin ich aufgewachsen? Was trägt mich, das ich von dort mitbekommen habe?

Das Leinentuch des Dienens und das Gewand des Herrschens

Tut dir die Verantwortung gut?
Das erkennst du dann, wenn du gelegentlich
in das Gewand des Dieners schlüpfst.

Georg Sporschill

....

Jesus stand vom Mahl auf, legte sein Gewand ab
und umgürtete sich mit einem Leinentuch.

JOHANNES 13,4

Wir haben wichtigen Besuch im neuen Sozialprojekt in Hosman. Eine Gruppe von Managern aus Österreich ist nach Siebenbürgen gekommen und will sich jetzt auch unsere Anfänge ansehen. Die Tage vor ihrer Ankunft waren stressig, wir haben mit unseren Volontären aus sechs Nationen ein Programm vorbereitet und für die große Gruppe gekocht. Nachdem wir sie bewirtet haben und Kaffee serviert worden ist, entwickelt sich ein spannendes Gespräch. Die Gäste fragen: Was ist eure Vision? Wo wollt ihr in fünf Jahren stehen? Wir bekommen professionellen Rat. Einer der Manager bleibt nicht sitzen, sondern geht in die Küche, nimmt sich ein Handtuch und hilft den Jugendlichen beim Abtrocknen des Geschirrs. Sie kommen ins Gespräch über ihre Aufgaben, über ihre Heimat und ihre Erlebnisse hier. Auch er erzählt von seinen Kindern; im Nu ist die wegen des Respekts vor den Gästen angespannte Stimmung verflogen und Nähe entstanden. Es wird gelacht, man verabschiedet sich herzlich. Ohne ihn näher zu kennen, weiß ich, dass dieser Mann einen hoch schätzenden Umgang mit seinen Mitarbeitern pflegen muss.

Die Aufmerksamkeit des Managers bringt mich zu Jesus, der vom Mahl aufsteht, um seinen Schülern die Füße zu waschen. Als Erstes legt er die Oberkleider ab, die Gewänder des Lehrers und Meisters. Dann umgürtet er sich mit einem Leinentuch. Das Leinentuch ist das Gewand des Sklaven in der Antike, auch schon zur Zeit Abrahams. In einer jüdischen Auslegung der Genesis-Stelle, in der Abraham seine Magd Hagar, die Mutter seines Sohnes Ismael, mit einem Scheidebrief entlässt, heißt es: »Er nahm den Überwurf und gürtete ihn um ihre Lenden, damit man wisse, dass sie eine Sklavin sei.« Erkennbar am Leinentuch, soll sie die Chance haben, einen neuen Herrn zu finden. Dasselbe Kleidungsstück hat Kaiser Caligula seinen Senatoren, die höchste Ehrenstellen bekleideten und sonst die Toga trugen, aufgezwungen. Sie mussten »zu seinen Füßen wie Sklaven im Leinenschurz aufwarten«, berichtet der römische Schriftsteller Sueton. Abraham gibt Hagar mit dem Kleid der Sklavin eine neue Chance, Caligula hingegen verwendet dasselbe Gewand, um in seinem Größenwahn andere zu demütigen. Jesus umgürtet sich selbst mit dem Leinentuch des Dieners, um seine Schüler ihre Größe spüren zu lassen. Der Meister überrascht sie mit einem Rollenwechsel, indem er ihnen beim Letzten Abendmahl wie ein Sklave die Füße wäscht. Die Kleinen groß zu machen, das ist sein Vermächtnis.

Zwei verschiedene Gewänder – das Leinentuch des Dienens und das Gewand des Herrschens. Unterschiedliche Gewänder tragen auch der Meister und der Schüler, die Eltern und die Kinder, der Vorgesetzte und seine Untergebenen.

Das Gewand eines Managers ist schwer zu tragen, die Verantwortung lastet auf ihm. Ob dir das Gewand des Meisters steht und du es tragen kannst, erkennst du, wenn du in das Gewand des Dieners schlüpfst. Es lohnt sich, gelegentlich die Kleider zu wechseln.

Der große Diener

Welche Dienste übernehme ich,
welche Zeichen setze ich, um andere groß zu machen?
Um die Würde der anderen erstrahlen zu lassen?

Ruth Zenkert

....

Dann goss er Wasser in eine Schüssel und begann,
den Jüngern die Füße zu waschen und mit dem Leinentuch
abzutrocknen, mit dem er umgürtet war.

JOHANNES 13,5

In unserem rumänischen Dorf bekommen die Kinder in der Schule zu Mittag eine kleine Jause. Sie trinken ihre Milch und packen das Brot aus, die Verpackung lassen sie einfach auf den Boden fallen. Ein paar Minuten später ist der Platz vor der Schule voll mit knisterndem Papier. Der Wind trägt es durch die Straße, hin zum Bach. Dort sammelt sich der ganze Müll, auch Flaschen und Plastiksackerln, Bierdosen und alte Fetzen füllen die Straßengräben. Wir holen einen großen Kübel aus der Schule und sammeln vor dem Schuleingang den Müll ein. Zwei Kinder machen sofort mit. Auch Sonja, die Sportlehrerin, bückt sich nach einem Milchpäckchen. Danciu, der junge Roma-Bursche, steht im lila glänzenden Hemd und in polierten, spitz zulaufenden Schuhen daneben und schaut zu. Er arbeitet bei uns und erledigt die Transporte. Den Kindern im Dorf hat er erzählt, dass es sein Auto ist, mit dem wir kommen. Jetzt schwingt er die Autoschlüssel in der Hand und geht Schritt um Schritt zurück. Müll ist für ihn unweigerlich mit der Müllabfuhr verbunden, die in Rumänien nur von Zigeunern erledigt wird, auch von

Leuten, die eine Geldstrafe nicht bezahlen können. Damit will der stolze Roma nichts zu tun haben. Unsere Kinder freuen sich über ihren schönen Schulplatz und wollen die ganze Straße sauber machen. Da nimmt Danciu seinen schwarzen Hut ab und liest ebenfalls ein paar Papiere auf.

Unsere Aktion »sat curat« – »sauberes Dorf« – will Jesus nachahmen. Er gießt Wasser in die Schüssel, bückt sich hinunter zu den Füßen seiner Freunde, um sie zu waschen. Dann trocknet er sie ab mit dem Kleidungsstück des Sklaven, das er trägt. Jesus wäscht die Füße seiner Schüler, für die er der Meister ist: Das ist das intensivste Bild für das, was geschieht, wenn jemand den Schmutz anderer beseitigt. Normalerweise ist das Füßewaschen der Ehrendienst der Schüler gegenüber ihrem Meister. Jetzt dreht Jesus die Rollen um mit dem Ziel, die Lernenden strahlen zu lassen und sie groß zu machen. Nur wer ein starkes Selbstbewusstsein hat, kann dienen.

Unsere Kinder weigerten sich zu Beginn und sagten: »Das ist nicht mein Dreck. Nicht ich habe das Papier hingeworfen.« Dann aber halfen sie mit beim Saubermachen ihres Schulhofs. Der stolze Roma-Bursche wollte seinen eleganten Hut nicht ablegen, bis ihn die Kinder »umgedreht« haben. Durch sie hat er erstmals gefühlt, dass er sich mit der Aktion nicht mit dem Schmutz gleichsetzt, sondern im Gegenteil zur Sauberkeit beiträgt. Der neue Glanz fiel auf sein Haupt zurück, nachdem er Vorurteile, Unsicherheit und Scheu überwunden hatte. Danciu hatte durch den Rückhalt bei den Kindern, die sich gebückt hatten, so viel innere Sicherheit gewonnen, dass auch er Müll auflesen konnte. Er näherte sich der Haltung an, die Jesus seinen Schülern als höchstes Ziel mit auf den Weg gegeben hat.

Welche Dienste übernehme ich, welche Zeichen setze ich, um andere groß zu machen? Um die Würde der anderen erstrahlen zu lassen?

Auch die Langsamen bekommen
eine Chance

Manchmal bin ich schwer von Begriff.
Wo habe ich länger gebraucht, etwas zu verstehen?

Josef Steiner

....

Jesus antwortete ihm: Was ich tue, verstehst du jetzt noch nicht;
doch später wirst du es begreifen.
JOHANNES 13,7

In Nikolsburg in Mähren wurde ein neuer Rabbi eingesetzt.
Es war dort Sitte, dass der neu Berufene beim Antritt seines
Dienstes in die Gemeindechronik eine Verordnung eintrug,
die ab jetzt zu befolgen sei. So forderte man auch ihn auf, das
zu tun. Aber der Rabbi verschob es von Tag zu Tag. Er sah
sich die Leute an und zögerte die Eintragung hinaus. Immer
bedächtiger und genauer beobachtete er sie. Schließlich wurden die Leute von Nikolsburg ungeduldig und gaben ihm zu
verstehen, er dürfe nun nicht länger säumen. Da ging er hin
und trug die Zehn Gebote in die Chronik ein. Sein Blick auf
die Gemeinde hatte ihm gezeigt, was wirklich nötig war. Er
brauchte lange, um das zu verstehen.

»Habt ihr das alles verstanden?«, fragt Jesus seine engsten
Mitarbeiterinnen und Mitarbeiter, nachdem er ihnen in Bildern und Vergleichen aus der Natur vom Reich Gottes erzählt
hat, das wie ein Same, klein und unscheinbar ausgesät, groß
wird und wächst. Er hat größtes Interesse, sie mitzunehmen
in sein neues Werk, in sein Denken, in seine Vorstellungen.
Als einfühlsamer und geduldiger Pädagoge weiß er aber
auch, wie schwer von Begriff manchmal seine Elite ist. Bei

einem Tagesausflug auf dem See haben sie die Brotzeit vergessen und machen sich darüber Gedanken. Jesus hält ihnen entgegen, ob sie denn immer noch nicht begriffen haben, dass sie in seiner Gegenwart nie des täglichen Brotes entbehren müssen; sie sollen das Wunder der Brotvermehrung nie vergessen. Auf dem Weg in das politische und religiöse Zentrum der Macht in Jerusalem erzählt er ihnen von den damit verbundenen Strapazen und Konflikten. Er akzeptiert ihre Überforderung und ihr Unverständnis, er versteht, dass eine solche Vorstellung der Zukunft schwer in ihre Köpfe geht. Bei einem Konfliktgespräch mit den Verantwortlichen über den Tempel provoziert Jesus mit den Worten: »Reißt ihn nieder, ich baue ihn in drei Tagen wieder auf.« Seine Jünger brauchen lange, um dieses Wort in das Werk Jesu einordnen zu können. Und als er beim Abschiedsmahl mit den Seinen Petrus die Füße waschen und damit das Geheimnis der Liebe zeigen will, antwortet er auf dessen Einwand: »Was ich tue, verstehst du jetzt noch nicht; doch später wirst du es begreifen.« Jesus gibt den Seinen Zeit zum Lernen, auch die Langsamen bekommen bei ihm eine Chance.

»Das verstehst du jetzt noch nicht!« Wie oft hören das Kinder von Eltern, Schüler von Lehrerinnen und Lehrern, Jugendliche von Erwachsenen. Gesprochen aus Sorge und in Liebe ist es ein mutiges Wort; gesprochen aus Denkfaulheit und mangelnder Zeit füreinander wird es zur feigen Ausrede. Gert Steinbäckers »Großvater, kannst du net owakommen auf an schnell'n Kaffee, Großvater, i möcht dir so viel sogn, was i erst jetzt versteh« zeugt von einer gesunden Einsicht des Erwachsenen. Der Rabbi hat sich Zeit gelassen, um zu verstehen, eine Zeit, wie sie Jesus auch seinen Jüngern gab.

Manchmal bin ich schwer von Begriff. Wo habe ich länger gebraucht etwas zu verstehen?

Ein Becher Wasser überbrückte
tiefe Gräben

Wasser macht achtsam für die Liebe, die uns
entgegenkommt. Wasser über die Hände, über die Füße,
im Becher – ob in der Roma-Hütte oder in den
Gotteshäusern.

Georg Sporschill

....

Petrus entgegnete ihm: Niemals sollst du mir die Füße waschen!
Jesus erwiderte ihm: Wenn ich dich nicht wasche,
hast du keinen Anteil an mir.
JOHANNES 13,8

In der Sommerhitze ging ich mit Gästen hinunter an den
Bach, wo die vielen kleinen Hütten der Roma-Bevölkerung
stehen. Manche nennen diesen Teil des Dorfes »Dallas« und
drücken damit ihre Ängste oder die Fremdheit der armseli-
gen Siedlung aus. Ein tiefer Graben klafft zwischen den
Bevölkerungsgruppen, oben und unten. Hier unten lungern
Jugendliche herum, laute Musik dringt aus den Hütten,
schwarze Hüte, rotbunte Kleider, Abfall, verwunderte Blicke,
Mütter mit Babys auf dem Arm, Kinder laufen uns nach,
Männer schauen abweisend.

Auf der Straße schleppten zwei Mädchen eine blaue Plas-
tikkanne mit Wasser vom Dorfbrunnen. Alle paar Meter
blieben sie stehen, weil die Henkel in ihre zarten Finger
schnitten. Das spürte ich erst, als ich ihnen die Last abnehmen wollte. Schließlich brachten wir das Wasser gemeinsam
bis zu ihrem Haus. Die Mutter bot uns großzügig einen
Becher davon an. Ihre Kinder versammelten sich an der

Türe, andere kamen noch dazu. Wir saßen auf dem Bett, dem einzigen Einrichtungsgegenstand im Raum. Das Wasser baute die Brücken in diese fremde Welt. Wir haben näher zu unserer neuen Aufgabe gefunden. Eine Schar Kinder begleitete uns auf dem Weg zurück, lachend brachten sie uns ein paar Worte Romanes bei.

Wasser symbolisiert die Liebe. Die Füße oder die Hände zu waschen bedeutet nach der Bibel, sich auf die Begegnung mit Gott vorzubereiten. Bevor die Priester, das Priestergeschlecht, Aaron und seine Söhne, das Offenbarungszelt betraten, wuschen sie sich Hände und Füße. Ebenso tat es Mose. Das Wasser dient noch mehr der kultischen als der physischen Reinheit. Durch das Wasser werden die Menschen beziehungsfähig, kultfähig, offen für die Begegnung mit Gott. Wasserriten finden wir in allen großen Religionen. Dafür gibt es die Brunnenanlagen vor den Moscheen, deshalb wäscht sich der Priester in der heiligen Messe die Hände und spricht das Psalmwort »Herr, wasche ab meine Schuld, von meinen Sünden mache mich rein«.

Jesus wäscht Petrus die Hände und Füße, um ihm Anteil an seiner Person zu geben. So wie die Priester im Offenbarungszelt in der Wüste durch die Waschung mit Gott in Beziehung traten, so gibt die Fußwaschung den Christen Anteil an Jesus. Denselben jüdischen Ritus missbraucht Pilatus, indem er sich damit von Jesus distanziert und jede Verantwortung ablehnt, mit den zynischen Worten: »Ich wasche meine Hände in Unschuld.«

Als ich Theologie studierte, machte uns der Spiritual den Vorschlag, die Hände zu waschen, bevor wir die Bibel aufschlugen. Da ging es zunächst nicht um die äußere Sauberkeit der Hände, sondern um ein inneres Sich-Öffnen. Diesen Brauch habe ich bewahrt, und er hilft mir heute noch, mit größerer Aufmerksamkeit das Wort in den heiligen Schriften zu lesen.

Wasser über die Hände, über die Füße, im Becher – ob in der Roma-Hütte oder in den Gotteshäusern. Wasser macht achtsam für die Liebe, die uns entgegenkommt.

Wer aufs Ganze geht, scheitert

Wo ist der Punkt, den ich verändern kann,
damit sich die ganze Welt verändert?

Ruth Zenkert

....

Da sagte Simon Petrus zu ihm: Herr,
dann nicht nur meine Füße, sondern auch
die Hände und das Haupt.
JOHANNES 13,9

Ich möchte mein Leben total ändern«, schrieb Benjamin in seiner Bewerbung für einen Volontärseinsatz in Rumänien. »Ich will aufhören zu saufen. Stattdessen will ich Sport machen, für den Herbst habe ich mich zum Marathonlauf angemeldet.« Ich konnte mir nicht vorstellen, wie er bei einer solchen Anstrengung Luft bekommen sollte, so viel rauchte er. Zudem war er fürs Laufen viel zu dick. Er war aus der Schule geflogen und suchte jetzt einen Neubeginn. Von seinem Wunsch, umzukehren, war ich beeindruckt, doch sein Vorsatz schien mir zu radikal.

Schon am ersten Morgen hatte Benjamin verschlafen. In der Rumänischstunde konnte er sich nicht konzentrieren, nach einer durchfeierten Nacht war mit ihm den ganzen Tag nichts anzufangen. Kein einziges Mal schaffte er es, bei unserem Morgenlauf mitzumachen. In der Dorfbar jedoch war er bekannt als einer der Letzten, die nach Hause gingen. Es lief alles genau so weiter wie vorher, ja es wurde eher ärger. Wir redeten und redeten. Ich aber hatte andere Probleme. Unser Gitarrelehrer war ausgefallen, und ich stand mit zehn Schülern da, die unbedingt etwas lernen wollten. So bat ich Benjamin, für eine Woche den Unterricht zu übernehmen; er sollte bloß mit den Anfängern einfache Griffe üben. Er erklärte sich bereit, auszuhelfen, und fragte nach einigen rumänischen Wörtern, um sich zu verständigen. Die Schüler machten Fortschritte, nicht weil er gut Gitarre spielen konnte, sondern weil sie ihn mochten. Das weckte in ihm überraschende Kräfte. Benjamin ist geblieben.

Benjamin wollte die totale Veränderung, gelungen ist sie aber erst durch den kleinen Zufall. Auch der Apostel Petrus ging aufs Ganze. Zuerst wollte er sich von Jesus keinesfalls die Füße waschen lassen, nun aber Füße, Hände und Haupt; im Vollbad möchte er die Nähe zu Jesus erfahren. Jesus aber will ihm nur die Füße waschen. Das genügt und sagt alles.

Wenn ein Glied gewaschen wird, spricht es für alle anderen, sie werden in die Liebe eingebunden, die im Waschen symbolisiert ist. Pars pro toto, ein Teil spricht für den ganzen Körper.

Als wir Kinder waren, zeichnete uns unsere Mutter gerne mit Weihwasser ein Kreuz auf die Stirne, wenn wir das Haus verließen, besonders vor schweren Schularbeiten. Worte wären zu viel gewesen, die Spannung war schon groß genug. Ich fühle noch nach, wie mir der nasse Finger meiner Mutter Sicherheit gab: Es wird gut gehen. Daran musste ich denken, als ich unlängst bei einer Taufe war und die jungen Eltern und die Paten vom Priester angeleitet wurden, dem Kind mit dem Daumen ein Kreuzzeichen auf die Stirn zu machen, als Zeichen, dass es jetzt zu Christus gehört.

Als Petrus und Benjamin aufs Ganze gingen, scheiterten sie. Der kleine Schritt aber, die Füße waschen zu lassen, Gitarre zu lehren, ließ sie Boden unter den Füßen spüren und dem großen Ziel näher kommen. Petrus wurde zum Fels für Jesus, und Benjamin lief bald morgens eine ganze Stunde mit uns.

Wo ist der Punkt, den ich verändern kann, damit sich die ganze Welt verändert?

Barfuß – vom Eros der Natur

Wie fühlt sich der Boden unter meinen Füßen an?
Wie bin ich geerdet? Wer reinigt meine Fußsohlen
für neue Aufbrüche?

Dominik Markl

....

*Jesus sagte zu ihm: Wer vom Bad kommt, ist ganz rein
und braucht sich nur noch die Füße zu waschen.*

JOHANNES 13,10

Der Freihut ist einer der unaufdringlichen Berge im Tiroler Sellraintal, wo sich Stille und Einsamkeit finden lassen. Als ich dieser Tage barfuß dort hinaufstieg, staunte ich über die Vielfalt und Fülle der Sinneseindrücke. Nach den sanften Weiden der Gleirschalm führt der Steig über Waldböden und quert Wasserläufe. Kühler, silbriger Gletscherschlick und die warme, braune Hochmoorerde werden da vom frischen Bergwasser zwischen den Zehen herausgespült. Höher steigend spüren die Fußsohlen bald den Teppich duftender Zirbennadeln, bald die feinen Kanten von in Tausenden Frosten zersplittertem Gneis. Umso weicher fühlen sich die knöcheltiefen Polster sibirischer Moose an, bevor an der Bergschulter kühle Büschel von Frauenmantelblättern und samtige Beete von Bergblumen einander abwechseln. Die Beine werden von einem zu querenden Altschneefeld intensiv erfrischt, bevor am blockigen Gratrücken rostig-rotbraune Steinplatten, vor zwanzig Jahrtausenden von Gletschereis geformt, jene Strahlen der Bergsonne weitergeben, die sie in den vergangenen Stunden als tiefe Wärme aufgesogen haben. Als ich auf dem Gipfel die Stille des abendlichen

Lichts genieße, wird mir bewusst, wie die Bergwelt zwar Vorsicht und Konzentration verlangt, uns aber freundlich und voll von sinnlichem Reichtum in ihre Arme nimmt.

Am Freihut fühlte ich mich neu geerdet, verbunden mit der Heiligkeit der Natur. Mose kam mir in den Sinn, der sich nur barfuß dem brennenden Dornbusch nähern durfte, als er in der Einsamkeit des Sinaigebirges erstmals den Ruf des Heiligen hörte. Davids Gebet fiel mir ein: Gott »stellte meine Füße auf den Fels, machte fest meine Schritte« (Psalm 40). Und Ezechiel, der sich angesichts der Gotteserscheinung überwältigt zu Boden warf, als er eine Stimme hörte: »Menschensohn, stelle dich auf deine Füße, und ich will mit dir reden!«

Zurück im Tal braucht es eine besondere Fußpflege, was mich wiederum an Abraham erinnert, der seinen drei mysteriösen Gästen als erstes Zeichen der Gastfreundschaft Wasser zum Füßewaschen gab. In der biblischen Kultur, wo das Barfußgehen noch zum Alltag gehörte, war dies allgemeiner Brauch. Wenn Jesus dem Petrus die Füße wäscht, ist dies eine sinnliche Wohltat zum Abschied in einer Freundschaft, deren Umgangston zuweilen rau gewesen war. Indem Jesus seinen Jüngern die Füße wäscht, berührt er die Erinnerungen ihrer Reisen, befreit sie von den Folgen schmutziger und dorniger Wege. Er bereitet sie für eine gepflegte Rast im Haus vor und für neue Aufbrüche.

Unsere geplagten Füße, meist in Socken verpackt und durch Leder und Gummisohlen ihrer alten Heimat entfremdet, bekommen in der Wärme des Sommers und in der Freiheit des Urlaubs die Chance zu atmen, sich mit dem Sand des Meeres oder dem Waldboden der Heimat zu verbinden und die Freundlichkeit der Natur zu erfahren. Endlich wieder Zeit, um zu spüren: Wie fühlt sich der Boden unter meinen Füßen an? Wie bin ich geerdet? Wer reinigt meine Fußsohlen für neue Aufbrüche?

Manchmal muss man sich die Hände schmutzig machen

Wer für ein Anliegen kämpft und etwas vorantreiben will, wird nicht immer ein reines Herz haben können. Wo war ich zu ungewohntem Vorgehen gezwungen?

Josef Steiner

....

Auch ihr seid rein, aber nicht alle.
Er wusste nämlich, wer ihn verraten würde;
darum sagte er: Ihr seid nicht alle rein.
JOHANNES 13,10f.

Sie waren geschockt – doch nicht ihr Sohn Maximilian! Die Eltern von Lukas, seinem besten Freund, hatten angerufen, um zu sagen, dass sie bei Lukas in einem raffinierten Versteck unter der Schreibtischplatte Drogen entdeckt hätten; ob sie nicht auch bei Maximilian einmal nachschauen könnten? Für den Vater war es hart, dessen Zimmer auseinanderzunehmen. Im Schreibtisch und im Kleiderschrank alle Schubladen und Fächer zu durchwühlen. In jeder Schatulle und in jeder Schachtel zu stöbern. Im Badezimmer alle Tuben und Gläser in die Hand zu nehmen. Bitter, derart in die Privatsphäre und in den intimen Raum eines jungen Menschen eindringen zu müssen. Außer zwei angerauchten Joints in einer alten Blechschachtel für Zigarillos fand er nichts. Zur Rede gestellt, versuchte Maximilian zunächst auszuweichen und stritt alles ab. Erst als die Eltern ihm klarmachten, dass sie die Polizei einschalten müssten, schilderte er unter Tränen die Situation. Ihre kleine Gruppe in der

Schule war fast schon zu einem kleinen Drogenring angewachsen. Dank der Zusammenarbeit aller beteiligten Eltern
wurde diese gefährdete Clique aufgedeckt und vor Schlim-
merem bewahrt. Keiner flog von der Schule.

Jesus hat jene seliggepriesen, die ein reines Herz haben.
Menschen, die klar den Weg sehen, den sie zu gehen haben,
dem sie dann unverdorben und mit innerer Sicherheit folgen. Doch Jesus weiß, dass das nicht immer möglich ist. Einmal muss auch er voll Eifer und Zorn im Herzen einen Strick
in die Hand nehmen, Händler und Geldwechsler im Tempel
attackieren und so ein Zeichen setzen, dass dieses Haus vor
allem zum Beten und zum Hören da ist. Er hat Verständnis
dafür, dass einmal seine Zuhörer in Zorn geraten und Steine
gegen ihn in die Hände nehmen, weil sie es nicht einfach
akzeptieren, wenn er sie derart provoziert mit seinen Worten, er sei größer als Abraham. Bei einem solchen Angriff
können sie doch kein reines Herz bewahren! Und wenn jetzt
einer seiner Schüler, Judas, die schwerste Aufgabe in seinem
Werk übernimmt, dann will er auch ihm eine Brücke bauen.
Judas muss Geld in die Hand nehmen, um ihn – und dazu
fordert Jesus ihn auf – an die Römer weiterzugeben. Darum
ist sein Wort »Ihr seid nicht alle rein« keine moralische Aussage, keine Verurteilung des Judas, im Gegenteil: Dieses
Wort soll ihm helfen. Judas muss seine Hände schmutzig
machen, damit in Jesu Werk etwas vorangeht.

Wer sich für ein Projekt einsetzt, wer für ein Ideal kämpft,
der wird manchmal hart sein und zu ungewöhnlichen
Methoden greifen müssen. Die Eltern des gefährdeten Sohnes waren gezwungen, etwas zu tun, was ihnen nicht leicht-
fiel. Dasselbe dürfen wir von Judas annehmen. In beiden Fäl-
len führte es zu etwas Gutem.

Wo war ich zu ungewohntem Vorgehen gezwungen, bei
dem mein Herz nicht rein bleiben konnte?

Von der Seele Rechenschaft fordern

Innehalten, um zurückzuschauen.

Georg Sporschill

....

Als er ihnen die Füße gewaschen, sein Gewand
wieder angelegt und Platz genommen hatte, sagte er zu ihnen:
Erkennt ihr, was ich an euch getan habe?

JOHANNES 13,12

Ich besuche Maria, ihr kleinstes Kind ist krank. Ich treffe sie mit besorgtem Gesicht an, das Kind an ihrer Brust mit schweißgebadetem Köpfchen. Sie ist froh, Brot zu bekommen. Schon seit Tagen konnte sie sich keines mehr leisten, sie bekam keinen Kredit mehr beim Kaufmann. Maria gehört zu den »Bekehrten« im Dorf, sie hat sich einer amerikanischen Freikirche angeschlossen, vielleicht auch, weil sie dort immer wieder Spenden bekommt. Jeden Mittwoch kommen in der neu erbauten Kapelle mitten in der Roma-Siedlung viele Arme zusammen. Sie preisen Gott und steigern sich ins Halleluja. Weil sie weiß, dass ich Priester bin, fragt mich Maria, als ich schon weitergehen will: »Können wir miteinander beten?« Daran habe ich nicht gedacht, nur ans Brot und das kranke Kind. Wir sprechen ein Vaterunser, Maria drückt das Kind fest an sich und weint. Wegen der Krankheit oder wegen des Hungers? »Warum weinst du?«, frage ich erschrocken. »Weil Jesus bei uns ist«, antwortet sie und lächelt. Es sind Tränen des Trostes, die über ihre Wangen laufen. Ich dachte an das Elend und die Sorgen um das kranke Kind; nun erkenne ich, dass es viel mehr war. Für die bitterarme Mutter war es ein göttlicher Besuch.

Diese Frau hat tiefere Dimensionen in dem, was geschehen war, erkannt. Ähnliches will Jesus für seine Schüler. Er stellt ihnen die pädagogische Frage:»Erkennt ihr, was ich an euch getan habe?«, nachdem er ihnen die Füße gewaschen, sein Gewand wieder angelegt und Platz genommen hat. So bringt er seine Schüler dazu, innezuhalten und zurückzublicken. Jesus möchte, dass das Erlebte vom Kopf ins Herz sinkt. Erkennen heißt nach der Bibel, mit dem Herzen verstehen. Der Prophet Jeremia hört, wie Gott den verschleppten Israeliten im Exil sagt:»Ich gebe ihnen ein Herz, damit sie erkennen, dass ich der Herr bin.« (Jeremia 24,7) Sie sollen erkennen, wie liebevoll Gott seine Augen auf sie richtet und sie heimkehren lässt. Es geht um mehr als ein intellektuelles Erfassen. Erkennen in der Bibel bedeutet Lieben, bis hin zur körperlichen Liebe. Adam erkannte Eva, Maria antwortete auf die Botschaft, dass sie ein Kind empfangen werde, sie habe keinen Mann erkannt. In unserer Bibelstelle möchte Jesus, dass die Jünger erkennen, was er mit der Fußwaschung an ihnen getan hat; dieselbe Liebeskraft will er in ihnen freisetzen.

Die arme Mutter fand Trost, weil sie im Besuch Tieferes erkannt hat. Aus der pädagogischen Frage, die Jesus stellt: »Erkennt ihr, was ich an euch getan habe?«, macht Ignatius von Loyola eine Übung für jeden Tag:»Von der Seele Rechenschaft fordern: angefangen von der Stunde des Aufstehens bis zur gegenwärtigen Erforschung, von Stunde zu Stunde oder von Zeitabschnitt zu Zeitabschnitt; und zwar zuerst über die Gedanken, dann über die Worte und dann über die Taten.« (Exerzitien 43) Wenn ich innehalte und zurückschaue auf das, was mir gelungen oder misslungen ist, baut sich Sprungkraft auf für den nächsten Schritt. Je mehr ich begreife, was an mir geschieht, desto mehr Kräfte werden wach, selber etwas zu tun.

Auf wen kannst du dich ganz und gar verlassen?

Vor zwanzig Jahren haben wir Iulian von der Straße aufgenommen. Jetzt ist er mein Begleiter auf riskanten Wegen.

Ruth Zenkert

....

Ihr sagt zu mir Meister und Herr und ihr nennt mich mit Recht so; denn ich bin es.

JOHANNES 13,13

Es war später Nachmittag, als Iulian mich aus dem Büro holte. Wir wollten eine neue Laufstrecke ausprobieren, in der Ebene, damit es nicht so anstrengend bergauf ging. Wir liefen aus dem Dorf hinaus, am Bach entlang, durch saftige Wiesen, das Laufen fiel leicht, und so bemerkten wir gar nicht, wie schnell wir uns dem Ziel, dem nächsten Dorf, genähert hatten. Schafe blökten, und da sahen wir auch schon die Herde, die uns entgegenkam. Nichts wie weg, war mein erster Gedanke. Wenn die scharfen Hunde uns riechen, bevor der Hirte uns sieht und sie zurückpfeifen kann, wird es unangenehm. Mit Horrorgebell und fletschenden Zähnen rasen sie auf einen zu, und wenn sie die Angst spüren, die man in dem Moment nicht haben soll, steigert sich ihr Eifer noch. So bogen wir auf einen Weg nach links ab, der sich glücklicherweise anbot; weil wir so locker dahingelaufen waren, wollten wir den unbekannten Weg zurück durch den Wald nehmen. Wir kamen auf eine Kuhweide und standen plötzlich vor einem Gestrüpp. Eine kleine Gymnastikübung, sagten wir uns, unten durch, und dann finden wir leicht den

Weg durch das schmale Wäldchen. In den letzten Jahren hatte sicher keine Menschenseele diesen Dschungel betreten, Bäume und Büsche waren wild gewachsen, Dornbüsche machten den Urwald fast unbegehbar. Zuerst kämpften wir uns tapfer durch das stachelige Gebüsch, dann war nur noch Kriechen möglich. Es ging so steil hinunter, dass wir uns kaum an den vielen morschen Ästen halten konnten, dann wieder jäh hinauf. Mein Hemd war zerrissen, ich blutete am Ohr, Arme und Beine waren zerkratzt, der Schweiß rann mir von der Stirn. Ich blieb stehen und versuchte mich zu orientieren. Wir waren Richtung Westen weggelaufen, jetzt war die Sonne hinter uns. Wir hätten doch längst aus dem Wald heraus sein müssen, so breit war er nicht. Warum sahen wir nicht die Kirchturmspitze? Warum hörten wir nicht die Autos von der Straße? In spätestens einer Stunde würde es dunkel sein. Wenn wir in die falsche Richtung gelaufen waren, dann mussten wir Stunden, Tage gehen, bis wir wieder in ein Dorf kamen, das wusste ich. Wir liefen weiter, entsprechend dem Sonnenstand; nie die Richtung verlieren, nicht im Kreis laufen! Ich spürte Panik aufsteigen. Wie sollten wir hier übernachten? Es war viel zu kalt, und wenn Wildschweine und Bären kamen? Jetzt keine Angst zeigen, sonst dreht Iulian auch noch durch. Wir liefen und krochen weiter, auf und ab, durch die Dornen. Entdeckten einen kleinen Bach und folgten seinem Lauf, gingen auf einem Pfad mit Tierspuren, kamen auf einen kleinen Weg – und waren plötzlich aus dem Dickicht draußen. Eine Waldlichtung, ein Weg, Menschen! In rasendem Tempo liefen wir nach Hause. Am Tor gestand ich Iulian: Ich hatte eine Wahnsinnspanik im Wald. Er schaute mich verwundert an. Wirklich? Ich nicht. – Hast du nicht Angst gehabt, dass wir nicht mehr aus dem Wald herausfinden und dort übernachten müssen? – Nein. Du warst ja dabei.

Wann wird aus einem Schüler ein Gesandter?

Wer gibt meinen Worten Gewicht?
In wessen Namen trete ich auf? Wer sendet mich?

Georg Sporschill

....

*Amen, Amen, ich sage euch: Der Sklave ist nicht größer
als sein Herr und der Abgesandte ist nicht größer als der,
der ihn gesandt hat.*
JOHANNES 13,16

Zwei elegante Sechzehnjährige erschienen bei uns in Hosman: Bebe und Ricardo. Der eine war mit drei Jahren aus einem Babyheim, der andere mit zehn von der Straße zu Concordia gekommen. Mami Irina, ihre Mutter bei Concordia, hatte sie auserwählt, in den Ferien Musikunterricht für unsere Roma-Kinder zu geben. In schwarze Hosen und blütenweiße Hemden gekleidet, gingen die beiden, stolz über die ihnen anvertraute Aufgabe, noch am selben Abend durchs Dorf und luden alle zum Mitmachen ein. Am nächsten Tag war der Schulraum voller Kinder. Was wir in den Wochen zuvor mit einem professionellen Lehrer nicht geschafft haben, klappte nun: Die beiden Burschen brachten den Kindern einfache Rhythmen auf den Trommeln bei. Am Schluss ließen sie jeden aufstehen und sich vor den Zuhörern verneigen. Sie machten mehrere Übungen, bis sich alle gemeinsam tief verbeugten. Dann lobten Bebe und Ricardo jeden einzelnen Schüler, vor allem ein kleines Mädchen, das mit dem Rhythmus nicht mitgekommen war. Sie braucht es am meisten, sagte Bebe und zwinkerte mir zu. Abends fragte ich die Burschen, wie der Tag gewesen war. Ganz ernst meinten sie, die Kinder seien respektvoll und talentiert. Doch ein großes Problem sei entstanden: »Sie reden uns mit ›Herr Professor‹ an. Wir haben uns gewehrt: ›Nein, bitte nicht! Wir sind doch auch Kinder wie ihr. Wir tun das nur, weil Mami Irina uns das aufgetragen hat. Wir geben weiter, was wir gelernt haben.‹«

Dieses Gelernte kam erst richtig zum Leuchten, als Bebe und Ricardo als Vertreter von Concordia den Auftrag erhielten, anderen zu helfen, verwahrloste Kinder zum Lernen zu motivieren. Ähnlich ist es Paulus und seinen Begleitern in Lystra ergangen. Als sie dort einen Gelähmten geheilt hatten, schrie die Menge: »Die Götter sind in Menschengestalt zu uns herabgestiegen« und wollte ihnen opfern. Paulus und sein Begleiter Barnabas »sprangen unter das Volk und riefen: Männer, was tut ihr? Auch wir sind nur Menschen, von gleicher Art wie ihr; wir bringen euch das Evangelium.« (Apostelgeschichte 14,14f.). Apostel sind zwar ähnlich dem, der sie gesandt hat, doch der Abgesandte ist auf keinen Fall größer als der Sendende. Das Alte Testament und das Römische Reich kennen das Botenprinzip der Bibel, das Jesus anwendet. Aus Schülern werden Boten, aus Kindern werden Erwachsene mit einer eigenen Aufgabe. Jesus hat aus seinen Schülern (hebräisch *talmid*) Apostel (*schaliach*) gemacht, die in die Welt hinausgehen sollten, um nicht sich, sondern ihn weiterzugeben. Ihre Botschaft ist größer als sie selbst, sie haben von dem, der sie gesandt hat, Gewicht verliehen bekommen.

Es wäre naiv zu glauben, dass es ausschließlich meine Leistungskraft, Stärke oder persönliche Glaubwürdigkeit ist, die meine Fähigkeit zu wirken ausmacht. Ich spreche immer auch im Namen von etwas Größerem.

Wer gibt meinen Worten Gewicht? In wessen Namen trete ich auf? Wer sendet mich?

Das Glück im Tun

Handeln statt aufschieben.
Was aus Menschen wird, wenn sie zupacken.

Ruth Zenkert

....

Selig seid ihr, wenn ihr das wisst und danach handelt.
JOHANNES 13,17

Zum ersten Mal gehen wir die »Cortorari«-Straße entlang bis zum Ortsende. Bei den Rumänen heißt es, man solle lieber nicht in diese Straße gehen, man wisse ja nicht, was dort passiert. In die alten Häuser der in den letzten Jahren ausgewanderten Sachsen sind die Cortorari eingezogen. Sie gehören zur großen Sippe der ehemaligen Zeltmacher. Durch die kommunistische Gleichmacherei durften die Roma ihre Berufe und Traditionen nicht mehr ausüben, die Cortorari aber waren hartnäckig, sie bewahrten ihre Sprache und passten sich nicht an. Heute schauen sie abfällig auf die »Möchtegern-Rumänen« herab, die es doch nicht geschafft haben und in Lehmhütten hausen: Das sind die *Țigani*, die Zigeuner.

Ein Pferdefuhrwerk bringt die Ernte nach Hause. Auf dem Anhänger bebt das Heu über die staubige Straße, mittendrin sitzen die erschöpften Frauen und halten sich an den eingestochenen Heugabeln fest. Hühner und Gänse gackern und schnattern am grindig schwarzen Bach, in dem von Altöl bis Fäkalien sicher alles Mögliche schwimmt. Vor jedem Haus sitzt am Boden eine »Schatra«, eine Gruppe von Frauen in bunten Röcken, Babys werden gestillt, Kinder wuseln herum. Männer stehen da, wohl schon den ganzen Tag, und schauen uns nach. Ein Betrunkener bietet uns aus einer abgegriffenen Zweieinhalbliter-Plastikflasche seinen speziellen Pflaumenschnaps an.

Wir öffnen das Tor vom letzten Hof und schauen hinein. Dort legt eine Frau am Boden Birkenreisig aus. Es soll trocknen, erklärt sie uns. Die letzten Wochen hat es geregnet und alles ist feucht. Sobald das Reisig trocken ist, bindet sie eine Handvoll zusammen, ein fester Haselnusszweig in die Mitte und fertig ist der Besen. Material hat sie für zwanzig Stück. Die muss dann der Sohn am nächsten Tag verkaufen. Verdienen kann er nicht viel daran, vielleicht bringt er ein Brot und einen Schafskäse mit. Die Cortorari finden keine Arbeit, manchmal wird einer von den Rumänen als Tagelöhner für die Ernte genommen. Und nur wenige in der Straße haben einen eigenen Acker. Ich denke an unseren verwilderten Garten, der bearbeitet werden sollte, und frage, ob der Sohn morgen kommen kann. Ja, sagt sie, die Besen werden ohnehin nicht fertig. Eigentlich rechne ich nicht mit Hilfe, sie hat ja gar nicht richtig verstanden, wo wir wohnen. Langsam gehen wir durch die quirlige Straße wieder zurück.

Am nächsten Morgen höre ich Stimmen in unserem Hof. Mindestens zwölf Personen laufen durch den Garten, die Frauen setzen sich mit den Kindern unter einen Baum, zwei Männer beginnen, mit ihren Sensen das Gras zu mähen. Als wären sie hier zu Hause. In der Menge erkenne ich Doina, die Besentrau, bei der wir gestern waren. Sie dirigiert die Leute herum und erteilt ihnen Anweisungen. Die einen jäten Unkraut, andere sammeln die reifen Zucchini ein und legen sie in einen Korb. Dann wieder tauschen sie die Hacken aus, der kleine Bub wird zum Brunnen um Wasser geschickt. Sie plaudern und lachen. Eine glückliche Schatra zieht am Mittag von unserem Hof nach Hause.

Der Junge vom Dorf und das *Oxford English Dictionary*

Menschen aus bescheidenen sozialen
Verhältnissen erhalten erstaunliche Lebensaufgaben.
Was ist mein Auftrag?

Dominik Markl

....

Ich weiß, wen ich erwählt habe.

JOHANNES 13,18

James Augustus Henry Murray wurde 1837 in Denholm geboren, einem kleinen Dorf im Süden Schottlands. Obwohl er sich seit frühester Kindheit als außerordentlich begabter und neugieriger Schüler erwies – er interessierte sich für Sprachen, Botanik, Astronomie und Geologie –, musste James mit vierzehn Jahren die Schule verlassen, um zum Einkommen der Familie beizutragen. Er arbeitete als Kuhhirte, Dorfschullehrer und später als Bankangestellter in London. Mit fünfundzwanzig Jahren heiratete er seine erste Frau Maggie. Die beiden verloren ihre einzige Tochter als Baby, bevor auch Maggie nach drei Ehejahren starb. Trotz dieser Herausforderungen und Schicksalsschläge setzte Murray seine Studien unablässig fort. Er lernte etwa fünfundzwanzig Sprachen, war Mitbegründer einer archäologischen Gesellschaft, studierte die Geologie und Botanik seiner Heimat und vertiefte sich zunehmend in die englische Philologie. Mit seiner zweiten Frau Ada hatte Murray elf Kinder, und er wurde Schuldirektor in Mill Hill, nordwestlich von London. Neben der Tätigkeit als Lehrer, der Erziehung seiner Kinder und der Edition mehrerer mittelenglischer Texte akzeptierte Murray 1879 das Angebot der Oxford University Press, die Herausgeberschaft des *Oxford English Dictionary* zu übernehmen, das zu seinem Lebenswerk werden sollte. Murray richtete das sogenannte Skriptorium ein, zunächst in Mill Hill, dann in Oxford – jene von Zettelkästen und Büchern überfüllte Werkstatt, in der Murray mit seinem kleinen Mitarbeiterteam Hunderttausende Zitate sortierte, die freiwillige Helfer per Post aus aller Welt sandten. Das zunächst bescheiden konzipierte Projekt kam erst 1928 als über sechzehntausendseitiges Werk zum Abschluss – dreizehn Jahre nach Murrays Tod. Formal hatte er nur einen Bachelor erworben, doch brachte ihm seine wissenschaftliche Tätigkeit Ehrendoktorate von acht Universitäten ein. Der Junge aus dem schottischen Dorf wurde zum wohl größten Gelehrten der englischen Sprache aller Zeiten.

In der Kapelle der Mill Hill Schule predigte Murray häufig – mit Vorliebe über seinen Glauben an die göttliche Vorsehung. Was Murray selbst erlebte, fand er in biblischen Texten vorgezeichnet. Menschen aus bescheidenen sozialen Verhältnissen erhalten erstaunliche Lebensaufgaben – in der Bibel als göttliche Erwählung gedeutet. Aus dem Schafhirten David wird der größte König Israels. »Ach, mein Gott und Herr, ich kann doch nicht reden, ich bin ja noch so jung«, antwortet Jeremia auf seine Berufung, doch der Auftrag bleibt: »Ehe ich dich im Mutterschoß bildete, habe ich dich erkannt, und ehe du aus dem Mutterleib hervorkamst, habe ich dich geheiligt: zum Propheten für die Nationen habe ich dich eingesetzt.« Jesus wählte junge Burschen aus, die ihr Leben als Fischer am See Gennesaret verbringen wollten, um eine Bewegung zu gründen, die zu einer Weltreligion werden sollte.

Menschen wie Murray oder die Fischer vom See Gennesaret hinterlassen ein Staunen. Was kann aus ehemaligen Straßenkindern werden? Was ist mein Auftrag?

Es ist keine Schande, überfordert zu sein

Manchmal werden wir Anforderungen und
Aufgaben nicht gerecht. Vor welcher Verpflichtung
habe ich mich gedrückt? Vor welcher Verantwortung
bin ich geflüchtet?

Josef Steiner

....

Aber das Schriftwort muss sich erfüllen:
Einer, der mein Brot aß, hat mich hintergangen.
JOHANNES 13,18

Der weise Rabbi Elimelech von Lisensk – das heutige
Lezajsk, im Südosten Polens gelegen – sagte einmal, dass
er sicher sei, in das Paradies, in den Himmel, zu kommen.
Seine Schüler fragten erstaunt, woher er diese Gewissheit
habe. Darauf der Rabbi: »Wenn ich vor dem obersten Gericht
stehe und sie mich fragen: ›Hast du deiner Begabung entsprechend gelernt?‹, werde ich antworten: ›Nein.‹ Dann fragen sie
wieder: ›Hast du deiner Berufung entsprechend gebetet?‹ Ich
antworte wieder: ›Nein.‹ Dann fragen sie mich zum dritten
Mal: ›Hast du deinem Vermögen entsprechend Gutes getan?‹
Auch diesmal kann ich nicht anders antworten als mit Nein.
Da sprechen sie das Urteil: ›Du sagst die Wahrheit. Um der
Wahrheit willen gebührt dir der Zugang zum Himmel, zum
Paradies.‹« Ein sympathischer Lehrer, der selbstkritisch von
sich bezeugt, dass er nicht immer den Anforderungen gerecht
wird, und der sich vor mancher Verpflichtung drückt.

Jesus ist stark darin, Menschen zu gewinnen und in seine
Nachfolge zu berufen. Auf, hinter mich! Folgt mir nach!
Unmissverständlich ergeht seine Einladung. Genauso stark

und groß ist er im Verständnis gegenüber Menschen, die durch seine Einladung und seinen Weg überfordert sind. Einen jungen Menschen, begabt und mit guten Manieren, hätte er gern in seiner Truppe gehabt. Jesus akzeptiert, dass dessen Herz und Denken noch zu sehr an sein großes Vermögen gebunden sind. Wie schwer dem jungen Menschen das Weggehen fällt, ist für Jesus ein erstes Hoffnungszeichen. Gegenüber seinen besten Schülerinnen und Schülern, die in der Synagoge von Kafarnaum davor erschrecken, dass der Weg mit ihm totalen Einsatz bis auf das Blut verlangt, und die sich von ihm zu distanzieren beginnen, äußert er keinen Vorwurf, keine Klage. Im Gegenteil, es kommt eine Frage an den innersten Mitarbeiterstab, ob nicht auch sie gehen wollen. Jesus ist realistisch. Nicht alle müssen seinen anspruchsvollen Spuren folgen. Diesem Denken bleibt Jesus treu, auch gegenüber Judas. Jesus hat ihm die Füße gewaschen, jetzt zeigt dieser ihm die Fersen, ein Bild dafür, dass er sich distanziert und nicht mehr hinter ihm gehen will. Jesus sieht auch das noch als Willen Gottes, dass sich die Schrift erfüllen muss: »Einer, der mein Brot aß, hat mir die Ferse gezeigt!« Judas, der Städter, der sich in der Welt der Behörden in Jerusalem auskennt, muss vorausgehen, damit etwas weitergeht.

Manchmal werden wir Anforderungen und Aufgaben nicht gerecht. Jesus hat Verständnis dafür, und auch der Weg zum Himmel ist uns damit nicht versperrt. Vor welcher Verpflichtung habe ich mich gedrückt? Vor welcher Verantwortung bin ich geflüchtet?

Ich sage, wer ich bin

Erklärungen und Ausreden schwächen.
Was macht die Stärke einer Persönlichkeit aus?

Georg Sporschill

....

Ich sage es euch schon jetzt, ehe es geschieht,
damit ihr, wenn es geschehen ist, glaubt: Ich bin es.
JOHANNES 13,19

Im Jahr 1960 war ich in einem Konzert des französischen
Jesuiten Aimé Duval. Er gehörte zur Generation von
Georges Brassens und hatte Millionen Fans. In seinen Liedern träumte er von einer glücklichen und gerechteren Welt
und von Jesus. Ein Jesuit und Chansonnier. Damals war ich
vierzehn, als sich mir das Tor zu den Jesuiten, zu Frankreich
und zur Studentenrevolution von 1968 öffnete, die ich dann
selbst in Paris miterlebte. Jahre später stieß ich auf ein Buch
von Aimé Duval mit dem Titel *Warum war die Nacht so
lang?*. Darin berichtet mein Star, wie er in die Hölle des
Trinkens hineinglitt, und er beschreibt den Moment der
Befreiung. »Ich heiße Lucien, ich bin Alkoholiker.« Diesen
Satz sprach Aimé Duval, den seine Freunde Lucien nannten,
in einer Gruppe der Anonymen Alkoholiker laut aus, ohne
ihn durch eine Erklärung oder Entschuldigung zu entschär-
fen. »Ich bin …« – mit diesem Wort, zum ersten Mal und
von ihm selbst laut ausgesprochen, begann die Heilung. Alle
Kraft fand der Kranke im ersten von zwölf Schritten des
Programms der Anonymen Alkoholiker, wo es heißt: »Wir
geben zu, dass wir dem Alkohol gegenüber machtlos sind
und unser Leben nicht mehr meistern konnten.« Der Kranke

war allergisch gegen Ermahnungen und gute Ratschläge gewesen. Schon manch vorwurfsvoller oder mitleidiger Blick trieb ihn noch tiefer in seine Einsamkeit. Die Heilung geschah ganz ohne Druck und Moralisieren. Allein das Selbstbekenntnis wirkte. Die anderen in der Gruppe hörten es und staunten, wie einer wieder aufstand, der am Boden gelegen war.

»Ich bin es«: Auf dieses Wort spitzt sich das ganze Johannesevangelium zu. Jesus offenbart sich selbst, auf eine ganz besondere Weise. Er sagt nicht mehr wie so oft: »Ich bin … der Weg, die Wahrheit, das Leben, das Brot, der Weinstock, der Hirte, das Tor«, sondern nur noch: »Ich bin«, griechisch *egō eimi*. Er nimmt ein Wort auf, mit dem sich Gott selbst am brennenden Dornbusch vorstellt. Er sagt zu Mose: »Ich bin der ›Ich-bin-da‹. … So sollst du zu den Israeliten sagen: Der ›Ich-bin-da‹ hat mich zu euch gesandt.« (Exodus 3,14) In dieser Beschreibung liegt göttliche Autorität. Sie gibt Mose den Mut, vor den Pharao hinzutreten und das Volk durch die Wüste in die Freiheit zu führen. Mit demselben Wort »Ich bin es« nimmt Jesus seinen Schülern die Furcht, wenn sie Angst haben. In seinem Bekenntnis liegt die göttliche Kraft, mit der Jesus seine Schüler für die schwierigen Zeiten stärkt. Wenn ihr Glaube zur letzten Zerreißprobe gerät. Wenn sie entscheiden müssen, ob die Hingabe bis ans Kreuz Scheitern oder Sieg bedeutet.

Die Autorität, zu heilen und zu führen, hat nur, wer sagen kann: »Ich bin es.« Wer es laut ausspricht und vor den anderen dazu steht. Umschreibungen und Erklärungen schwächen, Ausreden nehmen jede Kraft. Je mehr ich zu mir selbst stehe, wie auch immer ich bin, desto mehr Kräfte setze ich frei. Das gilt für den Alkoholiker, das gilt für den Messias. Je näher ich zu mir komme, desto näher bin ich Gott.

Wer und was kommt mit dem Gast zu uns?

Ein Besucher kommt niemals allein.
Er bringt eine Geschichte und eine Botschaft mit.

Ruth Zenkert

....

Amen, amen, ich sage euch: Wer einen aufnimmt,
den ich sende, nimmt mich auf; wer aber mich aufnimmt,
nimmt den auf, der mich gesandt hat.
JOHANNES 13,20

Ein Gewitter braute sich am Nachmittagshimmel zusammen, ich ging trotzdem hinaus. Im siebenbürgischen Dorf Rothberg war ich noch fremd. Für einige Tage war ich in einem Häuschen untergekommen und wohnte mit zwei Hunden und zwei Katzen unter einem Dach. Gewöhnungsbedürftig, aber ich war froh um die Gesellschaft. Was konnte in einem solch vergessenen Ort schon los sein? Nichts war. Zwei Buben zielten mit Erdklumpen auf die verrostete Dachrinne der alten Dorfschule. Noch ein wenig, dann brach sie herunter. Wem wohl dieser Treffer gelingen würde? Sie schauten mich mit ihren feurigen Augen an. Ich fragte sie, wie sie hießen. Silviu und Marius, sie sind Freunde und wohnen unten in der Roma-Siedlung. Am liebsten spielen sie Fußball, aber sie haben zur Zeit keinen. Und in die Schule gehen sie nicht gern, außerdem ist es morgens so dunkel, und die Mama weckt sie nicht immer rechtzeitig, dann kommen sie viel zu spät. Die Lehrerin schimpft, und so gehen sie lieber gar nicht hin, um sich das nicht anhören zu müssen.

Während sie erzählten, immer beide gleichzeitig, gingen wir weiter – und merkten gar nicht, wie sich der Himmel verfinstert hatte. Plötzlich prasselte auch schon der Regen los. Innerhalb kürzester Zeit war der steile Weg in einen Bach verwandelt. Es war schwer, bei dem glitschigen Untergrund nicht mit hinunterzurauschen. Die Buben rannten wie Wiesel in den nächstbesten Hof. Ich hinterher. Bleche und zusammengelesene Bretter nannten sich Eingang. Von der Leine, die bis zum Baum am Hofende gespannt war, hatte der Wind die Hälfte der Wäsche auf den Boden und in die Büsche geblasen. Durch eine Plastikplane schlüpfte ich den Kindern nach, hinein in die Hütte. Ich sah zuerst gar nichts. Warm, wenn auch kaum Luft zum Atmen. Langsam gewöhnten sich meine Augen an die Dunkelheit. Mama, Oma, Tante, Kinder – ich konnte nicht zuordnen, wer zu wem gehörte. Silviu und Marius rissen sich die nassen Hemdchen vom Leib und hängten sie über den Ofen – eine Metalltonne, der Rauch zog über ein aufgesetztes Rohr ab, ganz dicht war es nicht. Eine Frau zündete eine Kerze an und lud mich ein, neben dem Feuer zu sitzen. Ich war klatschnass, unter mir auf dem Lehmboden sammelte sich eine Regenpfütze.

Die Buben erzählten den Leuten, was sie schon über mich wussten: »Ruth will ein Haus machen für arme Kinder. Mit Wasser, damit ihr waschen könnt. Und wir können trommeln lernen.« Die Tochter nahm eine Kanne mit Wasser vom Ofen. In einer angeschlagenen Tasse bot sie mir Kaffee an – überzuckert, aber genau das Richtige, wenn man nass ist. Als wir gekommen waren, schimpften sie gerade über den Nachbarn, der seine Frau so schlecht behandelte. Und setzten nun ihr Gespräch fort und fragten mich, die Fremde, was sie machen sollten. Draußen wurde es heller, die Buben wollten weiter, sie mussten mir noch ihre Familien vorstellen. Sie zogen ihre feuchten Hemdchen wieder an, und wir gingen weiter, hinunter zum Bach. Es war einiges los in diesem Dorf. Ich fühlte mich ganz zu Hause.

Ruanda und die Traumata der Menschheit

Welche Unmenschlichkeit hat mich erschüttert?
Was hilft mir, den Bruch zu überwinden?

Dominik Markl

....

Jesus war im Innersten erschüttert und bekräftigte:
Amen, amen, das sage ich euch: Einer von euch wird mich verraten.
JOHANNES 13,21

Karima, mein ruandischer Freund, ist Hutu. Als Kleinkind verlor er seinen Vater, mit zwölf Jahren seine Mutter. Im Jahr 1994 wurde er als Vierzehnjähriger Zeuge des ruandischen Bürgerkrieges, in dem etwa eine Million Tutsi durch Macheten und Maschinengewehre ihrer Hutu-Brüder ums Leben kamen. »Damals habe ich den Glauben an die Menschheit verloren«, sagt Karima. »Ich habe erlebt, wie verführbar Menschen sind, wie oberflächlich und verletzlich das Gefühl, die Vernunft und der Glaube sein können.« Seine Brüder landeten im Gefängnis, weil sie sich weigerten, beim Morden mitzumachen. Auch die katholische Kirche, der die meisten Ruander angehören, konnte dem Genozid weder vorbeugen noch es aufhalten. Warum Karima trotzdem noch glaubt und Priester geworden ist, möchte ich wissen. »Was mich gestärkt hat? Die Vergebung. Jene, die den Mördern vergeben haben. Jene, die in die Gefängnisse gegangen sind, um den Mördern ihrer Mutter oder ihrer Kinder zu vergeben. Sie wurden für verrückt gehalten. Aber ich denke, es ist eine übermenschliche Kraft, die es manchen ermöglicht hat, zu vergeben.« Unter meinen Studenten gibt es Freundschaften zwischen Hutu und Tutsi. Nach bald zwei Jahrzehnten beginnen sie zaghaft, über die Ereignisse des Genozids zu sprechen, über das Leid auf beiden Seiten, über Themen, die in Ruanda oft nicht offen diskutiert werden können.

Auch wenn der Glaube im Völkermord vielfach versagt hat, hilft er manchen, mit der unfassbaren Vergangenheit umzugehen. Es hilft, die Erfahrung der Verfolgung durch Nachbarn und Freunde in biblischen Texten ausgesprochen zu finden: »Nicht ein Feind verhöhnt mich, sonst würde ich es ertragen; nicht mein Gegner tut groß gegen mich – vor ihm würde ich mich verbergen; sondern du, ein Mensch meinesgleichen, mein Freund und mein Vertrauter, die wir miteinander Gemeinschaft genossen, ins Haus Gottes gingen in der Menge!« (Psalm 55) Josef, der als Jugendlicher von seinen Brüdern beinahe umgebracht wurde, kann sich nicht mehr halten, als er nach Jahrzehnten die Brüder wiedersieht – und erstmals den kleinsten, dessen Unschuld den Bruch in der Familie zu heilen hilft: »Josef eilte, denn er war zuinnerst berührt über seinen Bruder, und er musste weinen. Er kam in sein Zimmer und weinte dort« (Genesis 43,30). Das Johannesevangelium sagt von Jesus nur in zwei Episoden, er sei »erschüttert«: beim Tod seines Freundes Lazarus und als er vor seinem eigenen Tod steht, der von Judas, einem Freund, herbeigeführt wird. Auch Jesus bekommt die übermenschliche Kraft, seinen Mördern zu vergeben.

Karimas größter Wunsch ist es, einen Beitrag zur Versöhnung in Ruanda zu leisten. Wenn ich mit jüdischen Kollegen spreche, wird mir bewusst, dass auch die Wunden der deutsch-österreichischen Nazi-Vergangenheit Generationen brauchen, um zu heilen. Hochverrat an der Menschlichkeit erschüttert Biografien von Einzelnen, Familien und Nationen. Welche Unmenschlichkeit hat mich erschüttert? Was hilft mir, den Bruch zu überwinden?

Es ist ein Geschenk, einen Liebling zu haben

In schweren Stunden halten wir nicht viele Menschen
aus. Wer stützt dich dann? Wen möchtest du in der
Stunde des Todes in deiner Nähe haben?

Georg Sporschill

....

*Einer von den Schülern lag am Herzen Jesu;
es war der, den Jesus liebte.*
JOHANNES 13,23

Prälat Leopold Ungar starb am frühen Morgen. Er wollte,
dass ich in der Nacht bei ihm blieb. Es waren Stunden der
Erschütterung, wie am Ölberg.

Am Nachmittag des Vortages hatte ihn noch Kardinal
König besucht, sein Chef und Weggefährte. Der Prälat richtete sich auf, geistesgegenwärtig und gesprächsbereit. Dass
die Caritas das Studentenheim in der Annagasse verkauft
hatte, ärgerte ihn. Abends klopfte es an der Tür des Kranken-
zimmers. Ich öffnete und meldete, dass sein Nachfolger, der
Präsident der Caritas, da sei. »Der Prälat kann nicht«, musste
ich ausrichten. Nur ich durfte bei ihm bleiben. Halb ernst
trug er mir noch auf, ich solle mich um seine Schwester
Vilma, er nannte sie Medi, kümmern, denn sie konne nicht
mit Geld umgehen. Bis zu ihrem Tod konnte ich sie mit diesem Auftrag ärgern. Sie war auch schon fast achtzig und
hatte als Jüdin Flucht und Nazigefängnis hinter sich. Der
Abend wurde für den Sterbenden mühsam. Hilflos fragte ich
ihn, ob ich ihm aus dem Brevier das Nachtgebet vorlesen
solle. »Für heute habe ich mich dispensiert«, ein Spaß mit
letzten Kräften. Als es hell wurde, wollte der Prälat aufstehen.

Er tastete zur Barriere am Bett und befahl mir mit schwacher Stimme: »Nimm den Blödsinn weg.« Was sollte ich tun? Ich war allein mit ihm. Der Schwerkranke ließ sich helfen und schlüpfte in die ledernen Hausschuhe. Im Bad betrachtete er sich im Spiegel und schüttelte den Kopf, erschüttert darüber, wie der Tod ihn gezeichnet hatte. Ermattet sank er aufs Sterbebett. Dann kam seine Schwester, um mich abzulösen.

Wer ist bei Jesus in der Nachtstunde, als er das Letzte Abendmahl verlässt und hinausgeht zum Ölberg? Drei Personen treten aus dem Kreis seiner Schüler, in den er die unterschiedlichsten Persönlichkeiten aufgenommen hat, hervor. Der eine ist der Schüler, der ihn überliefern wird, Judas. Eine Verantwortung, die ihn völlig überfordert. Der Zweite ist jener, der »am Herzen Jesu lag, den Jesus liebte« – Johannes. Die dritte Person ist Simon Petrus, der Leiter der Gruppe.

Einer von den Jüngern aber wird für ihn in der schwersten Stunde am wichtigsten. Mit ihm verbindet ihn eine besondere Nähe, eine Liebe, die man nicht machen kann. Sie ist keineswegs selbstverständlich. Ein anderes Mal, als Jesus einen jungen Mann als Mitarbeiter gewinnen wollte, »weil er ihn liebte« (Markus 10,21), entschied dieser sich gegen ihn. Der begabte und reiche Jüngling ging traurig weg. Diese Liebe war Jesus nicht geschenkt. Zu seinem ganzen Kreis an Schülern und Mitstreitern hat er eine tiefe Beziehung. »Da er die Seinen, die in der Welt waren, liebte, erwies er ihnen seine Liebe bis zur Vollendung.« (Johannes 13,1) Trotzdem rückt in der Stunde der Erschütterung der Liebling in seine Nähe. Er trägt Jesus.

In schweren Stunden halten wir nicht viele Menschen aus. Wer stützt dich dann? Wen möchtest du in der Stunde des Todes in deiner Nähe haben?

Kaplan Spitzer und die Macht
der Freundschaft

Freundschaften können den Charakter stärken
und Leben retten. Wozu bewegen mich
meine Freundschaften?

Dominik Markl

....

Da lehnte sich dieser zurück an die Brust Jesu
und fragte ihn: Herr, wer ist es?
JOHANNES 13,25

Hans Spitzer wurde 1929 Kaplan in Lainz im 13. Wiener Gemeindebezirk. Als durchwegs lebenslustiger Charakter blieb er auch als Priester leidenschaftlicher Landwirt, Winzer und Jäger. Er war Couleurstudent der Verbindung Kürnberg. Mit der Lainzer Jugend inszenierte er Passionsspiele. Im damals noch dörflichen Lainz entstanden bald enge Freundschaften. An Freitagabenden traf man sich bei der Fleischermeisterin Johanna Steindl etwa mit dem Rauchfangkehrer Josef Melzer, der Elektrohändlerin Vilma Lefkowits oder dem Fleischgroßhändler Hans Hanek. Bei Kartenspiel und Wein wurde herzhaft gelacht. Die Freundschaften wuchsen auf Reisen nach Spanien, Rom, Kroatien sowie bei regelmäßigen Besuchen in Spitzers heimatlichem Weinkeller in Hautzendorf. Spitzer hatte für den Nationalsozialismus nichts übrig, und er war judenfreundlich eingestellt. Als 1941 die systematische Verfolgung und Deportation von Juden einsetzte, formierte der Lainzer Freundeskreis eine Widerstandszelle. Im Pfarrhof und in der Wohnung von Vilma Lefkovits in der Feldkellergasse fanden untergetauchte Juden Unterschlupf.

Manche konnten über Hautzendorf ins Ausland entkommen. Obwohl lokale NS-Behörden von Spitzers politischer Einstellung wussten, flog die Gruppe nicht auf. Ihre Aktivitäten wurden erst 1999 durch einen Zufall bekannt. Geheimer Widerstand gegen das Nazi-Regime war nur in einem Netz starker und absolut zuverlässiger Freundschaften möglich. Freundschaften, die zunächst in fröhlicher Geselligkeit gewachsen waren, entwickelten sich unter religiös motivierten Christen ebenso wie unter politisch motivierten Sozialisten zu einem Schutzbunker für höchst bedrohte Mitbürger.

Freundschaft im höchsten Sinn, so Aristoteles in seiner *Nikomachischen Ethik*, beruhe auf Tugenden wie Mut, Gerechtigkeit, Freigebigkeit, Einfühlsamkeit, und Freundschaft helfe, diese Tugenden zu entwickeln und auszuprägen. Biblische Erzählungen zeigen, wie Freundschaften in heiklen Krisensituationen besonders bedeutsam werden. Als David in ernster Gefahr ist, von König Saul ermordet zu werden, vertieft sich Davids Freundschaft mit Jonathan, und sie schließen einen lebenslangen Freundschaftsbund. Als Jesus nach der Fußwaschung deutlich über den baldigen Verrat aus dem Jüngerkreis spricht, kann nur sein naher Freund Johannes ihm die heikle Frage stellen, wer der Betreffende sei. »Ein treuer Freund ist wie ein festes Zelt«, sagt der Weisheitslehrer Jesus Sirach. »Für einen treuen Freund gibt es keinen Preis, nichts wiegt seinen Wert auf.« »Freundschaft ist unnotwendig wie Philosophie, wie Kunst, wie das Universum selbst«, schreibt C. S. Lewis. »Sie hat keinen Überlebenswert; vielmehr ist sie eines jener Dinge, die dem Überleben Wert geben.«

Freundschaften sind Oasen in trockenen und kraftraubenden Beziehungsgeflechten. Mit den engsten Freunden wird Einfaches zur größten Freude. Freundschaften können den Charakter stärken und Leben retten. Wozu bewegen mich meine Freundschaften?

Stärkung auf einem schweren Gang

Etwas Kleines genügt. Was gibt mir Kraft,
wenn es im Leben eng wird?

Josef Steiner

....

Jesus antwortete: Der ist es, dem ich den Bissen Brot,
den ich eintauche, geben werde. Dann tauchte er das Brot ein,
nahm es und gab es Judas, dem Sohn des Simon Iskariot.
JOHANNES 13,26

Unser Vater wurde vierundneunzig Jahre alt. Geprägt von
einer religiösen Erziehung, die noch recht anschaulich
und konkret von Himmel und Hölle, von Belohnung und
Strafe im Jenseits sprach, hatte er große Angst vor dem Sterben. Zu tief hatten sich die Bilder von einem ewig lodernden
Feuer und von unbeschreiblichen Qualen in der Hölle in
seine Vorstellungswelt und Phantasie eingebrannt. Da halfen
auch die gut gemeinten und aufklärenden Worte von einem
barmherzigen Gott und von einem gütigen Richter nicht
viel. Gerade deswegen überraschte er uns alle kurz vor seinem Sterben. Wochenlang hatte er kein Wort mehr gesprochen. Gekrümmt wie ein Baby im Mutterleib war er in seinem Bett gelegen, in einer dunklen Kammer eines alten Bau-
ernhauses am Fuße des Großvenedigers. Es war vier Tage vor
seinem Tod, da richtete er sich plötzlich mit letzter Kraft auf
und sagte auf Hochdeutsch – was normalerweise nicht seine
Stärke war: »Kann ich bitte noch ein Schnäpschen haben?«
Dann ließ er sich wieder in seine gewohnte Stellung ins Bett
zurückfallen. Für seinen letzten Gang bat er noch einmal um
jenes Element, das ihn – freilich manchmal im Übermaß

genossen – oft gestärkt und durch schwierige Zeiten geführt hatte. Wir reichten ihm einen Fingerhut voll Wasser, versehen mit ein paar Tropfen Schnaps, eine letzte Wegzehrung.

Jesus ist kein Zyniker. Er veranstaltet kurz vor seinem Tod kein gruppendynamisches Rätselspiel, wenn er während des Abschiedsmahles von seiner Gemeinschaft, die er gegründet hat, ein Stück Brot in die Hand nimmt, es in Bitterkraut eintaucht und dann Judas reicht. Das ist kein diskriminierendes Outing, wie diese Geste Jesu manchmal verkürzt gedeutet wird. Im Gegenteil, es ist ein Zeichen größter Nähe und Liebe für einen aus seiner Gruppe, der, besetzt von seiner Sicht der Dinge, von seiner Entwicklung, keine andere Möglichkeit mehr sieht, als ihn an die Verantwortlichen auszuliefern. Jesus nimmt ein Stück Brot, ein besonderes Brot, ungesäuertes, das schon einmal in größter Not bei der Flucht aus nicht mehr aushaltbaren Lebensbedingungen in Ägypten die Menschen gestärkt hat. Dieses kleine Stück Brot soll Judas Kraft geben und mit Energie versehen für den schweren Gang, den er vor sich hat. Wenn Jesus den Bissen in Bitterkraut eintaucht, signalisiert er damit Judas, dass er mit ihm leidet und mitfühlt, wie bitter dieser Schritt für ihn ist und wie schwer er ihn ankommt. Und wenn Jesus schließlich das kleine Stück Brot in Judas' Hand legt, ist es ein starkes Zeichen von gegenseitiger Verbundenheit und Abhängigkeit, ein letzter Händedruck. Derart gestärkt kann Judas seinen Weg gehen.

Beim Vater war es ein Schluck Schnaps, bei Judas ein Bissen Brot. Etwas Kleines genügt. Was gibt mir Kraft, wenn es im Leben eng wird?

Wer ist schuld, Judas oder der Satan?

Der Teufel – *diabolos*, der Verwirrer – und die Verwirrten.
Von den Dimensionen der Verantwortung.

Ruth Zenkert

....

Als Judas den Bissen Brot genommen hatte, fuhr der Satan in ihn.
JOHANNES 13,27

Bewahret einander vor Herzeleid, kurz ist die Zeit, die ihr beisammen seid« ist in schöner alter Schrift auf die Wand im ehemaligen Gemeindesaal gemalt. Ein wenig tat es mir leid, dass dieses Dokument aus der sächsischen Zeit geopfert werden musste. Für den nächsten Tag waren die Arbeiter bestellt, die die Wand genau an dieser Stelle durchbrechen würden. Aus den zwei kleinen Räumen sollte eine große Teestube für die frierenden Leute in Neudorf werden. Den Roma-Familien unten am Bach trieb der Wind den Schnee durch die löchrigen Bretterwände in die Hütten.

Das alte himbeerrote Pfarrhaus stand seit Jahren leer. Anghel, ein Roma aus dem Dorf, hatte den Schlüssel und hätte sich darum kümmern sollen, dass es nicht weiter verfiel. Vielleicht hatte er einmal einen kaputten Dachziegel ausgetauscht. Horst, einer der letzten Sachsen in der Gegend, kümmerte sich auch nicht. Die Eingangstüre kam mir beim Öffnen entgegen, sie rumpelte mit den morschen Angeln aus dem Türstock die eichene Holztreppe hinunter, auf der wohl schon manch ehrwürdiger Pastor herabgeschritten war. Alle Räume waren angefüllt mit Ramsch; stinkende Sofas, ein billiges Wohnzimmerregal, das gar nicht in eine Pfarrstube passte. Jeden Tag waren wir mit Anghel zusammen und planten die Renovierung und unseren Einzug. Unsere kleine Gemeinschaft brauchte ein Schlafzimmer für Männer, eins für Frauen, eine Küche mit Esstisch und vor allem die Teestube für unsere Schützlinge aus dem Dorf. Bei Eiseskälte reinigte Anghel den zehn Meter tiefen Brunnen. Schwarze Brühe holte er eimerweise herauf, bis endlich klareres Wasser kam. Er bestellte Holz und machte eine Heizprobe. Die alten Öfen dampften, die Zimmer waren voller Rauch, aber nicht warm. Anghel ließ die Kamine säubern. Dafür gab ich ihm eine großzügige Belohnung. Endlich war das ganze Haus geräumt, geputzt, eingeheizt. Wir freuten uns über die gute Zusammenarbeit mit unserem neuen Freund und dachten darüber nach, wie wir ihn im neuen Werk einsetzen könnten. Um neun Uhr sollten die Elektriker kommen und den Zählerkasten montieren, dann würden wir am Nachmittag einziehen, und es konnte losgehen! Ein klirrend kalter Wintermorgen, wir wollten wie gewohnt durch das schief hängende Gartentor in den Pfarrhof – da trauten wir unseren Augen nicht. Das Gartentor war zugeschoben und mit einer schweren Eisenkette verschlossen. Wir versuchten, über den Kirchhof hineinzukommen – vielleicht wollte Anghel die Perle nur vor Eindringlingen schützen? Das Holz im Hof war eine Verlockung. Aber auch da verhinderten Bretter, mit dicken krummen Nägeln angeschlagen, das Eintreten. Anghel war verschwunden, auch am Telefon nicht erreichbar. Wir schickten einen Dorfbewohner zu ihm nach Hause. Er, ausgerechnet er, ließ uns ausrichten: In den sächsischen Pfarrhof kommen keine Zigeuner! – Am Abend zuvor war Horst bei ihm gewesen und hatte ihm diese Idee eingetrichtert. Wir schauten noch einmal über das versperrte Gartentor. Viele Träume schlummerten in dem Haus. In der himbeerroten Verpackung ließen wir es zurück und gingen die verschneite Straße hinab zum Bach, zu unseren Freunden in die Hütten.

Afrikanische Religion
und der Zauber des Lebens

Das Fest gibt Raum für Gemeinschaft
und ermöglicht Ausgleich.

Dominik Markl

....

> *Weil Judas die Kasse hatte, meinten einige,*
> *Jesus wolle ihm sagen: Kaufe, was wir zum Fest brauchen!,*
> *oder Jesus trage ihm auf, den Armen etwas zu geben.*
>
> JOHANNES 13,29

Laurenti Magesa wuchs in Tansania auf und arbeitete jahrzehntelang als katholischer Pfarrer in Dörfern seines Heimatlandes. Pünktlich um sieben Uhr abends geht dort die Sonne unter, es gibt keinen Strom und man kann nicht mehr lesen. Dennoch ist Magesa Autor zahlreicher Bücher und einer der bekanntesten Theologen Afrikas. Sein rundes, immer freundliches Gesicht, seine ruhige Ausstrahlung und sein feiner Humor erwecken die Sympathie von Studenten und Kollegen unserer Fakultät in Nairobi. Magesa ist überzeugt, dass die traditionellen Religionen Afrikas gemeinsam als Weltreligion anzusehen sind. Diese Religion verehrt Gott, indem sie die Mystik des Lebens zelebriert, wobei die Gemeinschaft immer der Lebensraum des Einzelnen ist. »Ich bin, weil wir sind« lautet die Maxime. »Leben ist dort, wo Gemeinschaft ist, allein bist du ein Tier.« Die Gemeinschaft umfasst nicht nur die Lebenden der eigenen Familie und des Dorfes, sondern auch die Vorfahren und jene, die noch geboren werden sollen. Sexualität genießt als Zentrum der Lebenskraft und der Weitergabe des Lebens hohes Ansehen. Alles, was das Leben der Gemeinschaft fördert, wird als gut angesehen. Nicht teilen zu wollen ist ein Affront gegen die Gemeinschaft. Früher wurde daher nicht im Haus gegessen, sondern immer im Freien, sodass mit jedem Vorbeikommenden geteilt werden konnte. Wo auch immer ein Fest stattfindet, braucht man keine Einladung. Jede und jeder ist willkommen.

Wie die traditionelle afrikanische Religion entwickelte auch die Religion Israels in alttestamentlicher Zeit den Gedanken egalitärer, geschwisterlicher Gemeinschaft. Ein zentrales Symbol dafür ist der Sabbat. »Der siebte Tag ist ein Ruhetag, dem Herrn, deinem Gott, geweiht. An ihm darfst du keine Arbeit tun: du, dein Sohn und deine Tochter, dein Sklave und deine Sklavin, dein Rind, dein Esel und dein ganzes Vieh und der Fremde, der in deinen Stadtbereichen Wohnrecht hat. Dein Sklave und deine Sklavin sollen sich ausruhen wie du« – so deutet Mose das Sabbatgebot im Buch Deuteronomium. Während Sklaverei in der Antike allgemein verbreitet war, stellt der Sabbat wieder soziale Gleichheit her und verwirklicht so eine revolutionäre Sozialutopie. Noch mehr gilt dies für die großen Wallfahrtsfeste in Israel. »Du sollst an deinem Fest fröhlich sein, du, dein Sohn und deine Tochter, dein Sklave und deine Sklavin, die Leviten und die Fremden, Waisen und Witwen, die in deinen Stadtbereichen wohnen.« (Deuteronomium 16) Das gemeinsame Fest integriert Fremde und soll besonders Straßenkindern und alleinerziehenden Müttern, die die schwersten Belastungen zu tragen haben, Freude bereiten. Ganz im Sinn dieser Gebote des mosaischen Gesetzes war es für Jesus und seine Freunde eine Selbstverständlichkeit, bei der Vorbereitung des großen Pessachfestes großzügig mit armen Mitbürgern zu teilen.

Das Fest gibt Raum für Gemeinschaft und ermöglicht Ausgleich. Wen möchte ich einladen? Wen könnte ich besuchen?

Wie ein junger Mann von sich selbst befreit wurde

Wer hat mich in eine Aufgabe hineingeführt?
Wer hat meinem Leben Gewicht gegeben?

Ruth Zenkert

....

Als Judas hinausgegangen war, sagte Jesus:
Jetzt ist der Menschensohn verherrlicht und Gott
ist in ihm verherrlicht.

JOHANNES 13,31

Den Karriereplan für die Zeit nach der Schule hatte die Mutter für Uwe genau ausgearbeitet. Sechs Wochen Sozialpraktikum, drei Monate Sprachkurs in London, Betriebspraktikum in China, ab Oktober Wirtschaftsstudium an der besten Uni der Schweiz und dann als Juniorchef in den väterlichen Betrieb. Seinen Pflichteinsatz in unserem rumänischen Dorf trat Uwe zuerst an; er wollte das Lästige schnell hinter sich bringen. Seine Sprachkenntnisse waren spärlich; für die kurze Zeit rentiere es sich nicht, zu viel Energie dafür zu verwenden, meinte er. Doch aus dem erwarteten Acht-Stunden-Tag und freien Wochenende wurde nichts, denn bei uns war rund um die Uhr etwas zu tun. Es war Herbst und mit Sonnenuntergang wurde es schon frisch, wir hatten noch keinen Gasanschluss und damit auch keine Heizung. Nach der ersten kalten Nacht war Uwe schlecht gelaunt. Nach dem Frühstück zog er sich gleich wieder ins Bett zurück: Er dürfe unter keinen Umständen krank werden, weil er für London alle Kräfte brauche. Nichts war ihm recht, das Essen zu wenig, die Internetverbindung zu schwach, die Stadt zu weit, die Arbeit zu viel. Unsere Kinder interessierten ihn nicht, er nahm sie gar nicht wahr. Ohne sonderliche Begeisterung wickelte er das Pflichtprogramm ab. Bis er eines Tages hörte, dass der Vater eines sechsjährigen Buben gestorben war. Dass Florin nun keinen Vater mehr hatte, erschreckte Uwe und machte ihn unruhig. Er ging mit Florin nach Hause. Mit sieben kleinen Kindern war die Mutter hilflos allein, in einer kleinen Lehmhütte am Dorfrand. Sie hatte nichts zu essen für die Kinder, kein Holz zum Heizen. Und wusste nicht, wie sie den Sarg bezahlen sollte. Uwe rief seine Mutter an, bat um Geld für das Begräbnis und für Dinge, die er für die Kinder besorgen wollte: warme Decken, Pullover, einen Kochtopf und Geschirr, einen Eimer zum Wasserholen, ein Spielzeugauto für Florin. Jeden Tag besuchte er nun seine neue Familie und entwickelte viele Ideen, wie er sie unterstützen konnte. Sie wuschen gemeinsam die Wäsche, er hackte Holz, baute einen besseren Steg über den Bach zu ihrem Häuschen, er räumte das kleine Häuschen mit ihnen auf. Seine Fragen kreisten nicht mehr um sich selbst, sein Fokus lag nun auf der Sorge um Florin und seine Familie. Uwe jammerte nicht mehr über eine kühle Nacht, er wusste, dass die des Buben viel kälter war. Und sorgte dafür, dass Florin ein warmes Bett hatte.

Von einem Tag zum anderen war Uwe ein anderer Mensch geworden, ein wichtiger Mensch für andere. Vom Augenblick eines solchen Durchbruchs spricht Jesus. »Jetzt ist der Menschensohn verherrlicht und Gott ist in ihm verherrlicht«, sagte er, als Judas hinausgegangen war, um ihn den Gegnern auszuliefern. Verherrlichen bedeutet im biblischen Sprachgebrauch: jemandem Gewicht geben, ihn ehren. Mit der Auslieferung verschiebt Judas die Bedeutung Jesu von Israel hin zur Welt, die im Dunkeln lebt. Die verlorene Welt findet durch ihn Orientierung und Sinn, sie bekommt göttliches Gewicht durch die Hingabe des Menschensohnes.

Der junge Mann wurde von sich selbst befreit und hat sich für andere eingesetzt. Wer hat meinem Leben Gewicht gegeben? Wer hat mich in eine Aufgabe hineingeführt?

Ayrton Senna, Roland Ratzenberger und die himmlische Herrlichkeit

Ein Sportler, dessen letzte Ehre es war, einem anderen die Ehre zu geben. Wem möchte ich die Ehre geben?

Dominik Markl

··

Wenn Gott in ihm verherrlicht ist, wird auch Gott ihn in sich verherrlichen, und er wird ihn bald verherrlichen.

JOHANNES 13,32

Als Ayrton Senna am ersten Mai 1994 in Imola in seinen Tod gerast war, hatte die Welt den Österreicher Roland Ratzenberger, der am Vortag beim Qualifikationsdurchgang auf demselben Ring verunglückt war, weitgehend vergessen. Nicht vergessen jedoch hatte ihn Ayrton Senna. Als Experten das Wrack seines Rennwagens analysierten, fanden sie die Reste einer österreichischen Flagge, die sich Senna für die Zieleinfahrt bereitgelegt hatte. Senna, dem kaum etwas so sehr am Herzen lag wie die Siegesfreude seiner mit der Armut kämpfenden Heimat Brasilien, hätte die Ehre des möglichen Sieges seinem verunglückten Kollegen gewidmet. Geschätzte drei Millionen Menschen gaben Senna die letzte Ehre in São Paulo. Für Brasilien war er nicht nur ein Star des Sports geworden, sondern auch ein Vorbild durch sein großzügiges soziales Engagement. Dass Senna selbst in Japan zu einer beinahe mythischen Ikone geworden ist, zeigt, welch beeindruckende Wirkung sein voller Einsatz über die Grenzen patriotischen Stolzes hinaus hatte. Sennas Grabinschrift bringt seine Überzeugung zum Ausdruck: »*Nada pode me separar do amor de Deus* – nichts kann mich von der Liebe

Gottes trennen.« Im britischen Dokumentarfilm *Senna* bezeugt Ayrtons Schwester Viviane, er habe am Morgen des ersten Mai nach einer unruhigen Nacht die Bibel aufgeschlagen und daraus die Gewissheit erhalten, er werde die größte aller Gaben erhalten: Gott selbst.

Sennas Leben spiegelt eine biblische Wahrheit. Niemand kann sich selbst ehren. Echte Ehre ist ehrliche Zuwendung, die nur von anderen gegeben werden kann. Dies beginnt schon bei den Hirten und den Königen, die an die Krippe kommen. Die drei Sterndeuter nahmen nach der Erzählung des Matthäusevangeliums eine lange Reise auf sich, um einem unscheinbaren Baby einer sozial bedürftigen Familie die Ehre zu geben. Sie fanden einen göttlichen Glanz, aufgrund dessen sich alle Welt an sie erinnert. Das Johannesevangelium entfaltet das Thema der Herrlichkeit, die Jesus in der Gottesbeziehung erfährt, in mystischer Sprache wechselseitiger Immanenz: »Wenn Gott in ihm verherrlicht ist, wird auch Gott ihn in sich verherrlichen.« Dies ist auch der Grund, warum das Evangelium selbst den Tod Jesu als Verherrlichung ansehen kann. Schon Psalm 73 bringt einen vergleichbaren Gedanken zum Ausdruck: »Nach deinem Rat leitest du mich und nimmst mich am Ende auf in Herrlichkeit. Was habe ich im Himmel außer dir? Neben dir erfreut mich nichts auf der Erde.« Im Sterben finden vielleicht selbst solch extreme Menschen wie Ayrton Senna jene Erfüllung, die sie ein Leben lang vergeblich suchen.

Ayrton Senna: ein Mensch, der alles für den Sport und für den Sieg gegeben hat, aber nicht nur aus persönlichem Ehrgeiz. Ein Sportler, dem der Stolz und der Jubel seiner traurigen Nation wichtiger waren als der eigene Ruhm; dessen letzte Ehre es war, einem anderen die Ehre zu geben. Wem möchte ich die Ehre geben?

Kathrin erfindet die Liebe

Wer lebt die neue Liebe dort, wo die meisten
aufgegeben haben? Wer baut Brücken zwischen Welten,
die sich nicht verstehen? Wenn die Liebe überfordert ist,
wenn sie tot ist, wer stiftet sie neu?

Georg Sporschill

···

Ein neues Gebot gebe ich euch: Liebt einander!
Wie ich euch geliebt habe, so sollt auch ihr einander lieben.

JOHANNES 13,34

Zigeuner oder Roma? Hitzig diskutierten unsere Volontäre
mit den Gästen, welche Bezeichnung korrekt sei. Nur
Kathrin war nicht dabei. Wie immer hatte sie schon nach dem
Frühstück das Haus verlassen, erst spät am Abend schlich sie
in ihr Zimmer. So verging Tag um Tag. Ich wurde sehr neu-
gierig. Wo konnte sie in unserem kleinen Dorf so lange sein?
Einmal nahm sie mich mit. In der niedrigen Hütte wartete
Zenova in ihrem langen roten Rock, sie hatte vor einigen
Tagen ihre kleine Maria geboren. Kathrin zeigte ihr, wie sie
das Baby pflegen musste. Was tun ohne Windeln und ohne
Wasser? Sie brachte ihr weichen Stoff und Wasser vom Brunnen. Dann hielt sie Maria im Arm, bis sie eingeschlafen war.
Währenddessen flocht Zenova Kathrins Haare zu Zöpfen. Sie
wollte, dass sie wie alle Roma-Mädchen aussah. Zwei kleine
Buben stürmten herein und hängten sich an Kathrin. Sie zeigten auf sie und sagten auf Romanes »mara phene« – unsere
Schwester! Schnell holten sie aus der Ecke ihre Holzbrettchen,
auf die ein Blatt Papier geklemmt war. Kathrin hatte die Brett-
chen von unserer Baustelle mitgebracht, damit die Buben

darauf schreiben konnten, es gab ja keinen Tisch in der Hütte. Stolz zeigten sie ihr die Buchstaben, die sie gemalt hatten. Dann begannen sie: »San ek sai sukar« – du bist ein schönes Mädchen; Kathrin musste von Romanes auf Rumänisch übersetzen. Die kleinen Lehrer hatten nicht viel Geduld, der Hunger war zu groß. Zenova hatte noch etwas Brot. Immer wieder ging die Türe auf, es kamen Kinder und Nachbarn, Kathrin in ihrer Mitte war nicht mehr herauszukennen.

Wir kennen das alte Lied von den »Zigeunern«. Viel wird über Roma geschrieben, Gräuelmärchen oder Sympathiebekundungen, meist kitschig. Auch seriöse Berichte haben die Frage noch nicht gelöst: Wie leben wir in Europa zusammen? Wo gibt es die Begegnung auf Augenhöhe zwischen Roma und Nicht-Roma? Wer baut das neue europäische Dorf auf? Wer bildet – wie Kathrin – den Kern einer gerechten Gemeinde?

»Ein neues Gebot gebe ich euch: Liebt einander!« Was ist neu an diesem Gebot, das uns Jesus gibt? Neu ist nicht die Liebe, Jesus hat sie nicht erfunden. Aus seiner Bibel, dem Alten Testament, hat er das zentrale Gebot der Nächstenliebe entnommen: »Du sollst deinen Nächsten lieben wie dich selbst.« (Levitikus 19,18) Neu am Gebot Jesu ist, dass er zu Menschen ging, die keinen Hirten hatten. Die verwahrlost, unterdrückt oder ohne Orientierung waren. Ihnen wandte er sich zu, sie machte er zu Mitarbeitern Gottes. Unter den Heiden gründete Jesus eine Gemeinschaft für Glaube und Gerechtigkeit, mit ihm selbst als Mitte und Modell. Die Liebe ist so alt wie die Menschheit, doch sie braucht immer neue Menschen und Gruppen, die sich ihr verschreiben.

Wer lebt die neue Liebe dort, wo die meisten aufgegeben haben? Wer baut Brücken zwischen Welten, die sich nicht verstehen? Wenn die Liebe überfordert ist, wenn sie tot ist, wer stiftet sie neu?

Felsenfeste Charaktere

Starke Freundschaften helfen über
heikle Passagen hinweg. Sie tragen auch noch dort,
wo die Wege sich trennen.

Dominik Markl

....

Simon Petrus sagte zu ihm: Herr, wohin willst du gehen?
Jesus antwortete: Wohin ich gehe, dorthin kannst du mir jetzt
nicht folgen. Du wirst mir aber später folgen.

JOHANNES 13,36

Die Weiden der Zielalm waren von Reif bedeckt, als wir an
jenem Augustmorgen Richtung Lodner aufbrachen. Erst
als wir den Ansatz des Westgrates erreichten, strahlte uns die
tiefe Morgensonne ins Gesicht, und nach Süden hin öffnete
sich der Blick in den Vinschgau. Meist ist die Kletterei über
den griffigen Marmor, der sich hell leuchtend von seinem
Urgesteinssockel abhebt, nicht allzu schwierig. Mein einhei-
mischer Kamerad hatte nicht im Traum daran gedacht, ein
Seil mitzunehmen, und so ließ ich mich als unerfahrener
Kletterer von ihm über die ausgesetzten Stellen lotsen. Die
Gipfelrast am Dreitausender ließ die Anstrengung bald vergessen. Die Südwand der Hohen Weißen lachte uns entgegen, sodass wir nicht widerstehen konnten, die Überschrei-
tung dieses Nachbargipfels ins Auge zu fassen. Hinunter
über die plattige Flanke, weglos über steinige Halden, über
einen Gamssteig hinauf zum Südgrat. Von nun an jedoch
wurde das Unternehmen in meinen Augen heikel. Der Fels
bröslig, meine Knie zittrig. Als wir vom Grat in die brüchi-
gen Schrofen ausweichen mussten, wo jeder Stein sich lösen

konnte und zweihundert Meter tiefer die Randkluft des Glet-
schers uns entgegengähnte, wollte ich keinen Schritt mehr
vor oder zurück. Nach einigem geduldigen Warten hörte ich
von oben die Stimme meines Kameraden mit voller Stärke
rufen: »Jetzt gehst aber weiter!« Ein freundschaftlicher
Befehl, der keine Widerrede zuließ. Er gab mir den Mut, die
letzten Passagen des Gipfelanstiegs zu überwinden.

Felsenfeste Charaktere wie mein Südtiroler Freund begegnen mir wieder in den Urgestalten der Bibel. Zweimal vierzig
Tage und Nächte am Granitgipfel des Berges Sinai stärken
die Persönlichkeit des Mose, die – von Michelangelo in Marmor gegossen – mit den steinernen Tafeln der ewigen Gebote
zu verschmelzen scheint. Ebenfalls am Sinai wird der Charakter des Propheten Elijah geformt, der nicht im felsenzer-
berstenden Sturm, sondern in der »Stimme verschwebenden
Schweigens« der Einsamkeit des Berges göttliche Gegenwart
erfährt. Wenn aller menschliche Rückhalt zerbricht, wird für
Betende in der Bibel Gott selbst »mein Fels, meine Burg,
mein Retter« (Psalm 18). Jesus nannte seinen starken Kameraden Simon »Kephas, Petrus, Fels«. Gemeinsam gingen
Jesus und Petrus den schwierigen Weg nach Jerusalem.
Allein musste Jesus seinen letzten Weg auf die »Schädel-
höhe« gehen, und allein ging Petrus seinen Kreuzweg nach
Rom. Dennoch – die Freundschaft stärkte beide. Diese
Freundschaftsstärke der beiden sollte zum Fundament einer
weltweiten Gemeinschaft werden.

Die schwierige Passage auf der Hohen Weißen konnte ich
nur mit der Ermutigung meines Freundes meistern. Menschen wie Felsen stärken aber auch noch dort, wo die Wege
sich trennen. Wenn ich mich jetzt, fern der Heimat, unter
Menschen unterschiedlichster Kulturen zurechtfinden muss,
tut es gut, um Felsen zu wissen. Sobald ich mich an sie erinnere, fühle ich mich ermutigt.

Ich weiß nicht, ob ich das schaffe

Die Kräfte meines Herzens, die den Tod überwinden,
werden nur dort aktiviert, wo ich erschüttert bin.

Ruth Zenkert

....

Euer Herz werde nicht erschüttert.

JOHANNES 14,1

Ziegental hieß das rumänische Dorf Țichindeal, als die Sachsen noch da waren. Heute weiß im Dorf niemand mehr, dass es ursprünglich einen deutschen Namen trug. Immer noch ziehen Ziegenherden über den Bärenhügel in der menschenleeren Gegend. Ziegental lässt uns nicht mehr los. Dabei wollten wir nur mit unserer Nachbarin Genica ihre Eltern besuchen, zehn Kilometer von unserem Zentrum in Hosman entfernt.

Hier sprang uns das Elend an. Ein verwahrloster Mann zog mich in seine Hütte. Sie war voller Müll und plärrender Kinder. Wie viele Kinder sie hätten, wollte ich von dem Mann wissen. Milu schaute seine Frau an, beide konnten es nicht genau sagen. Sechs oder sieben? Hier mussten wir etwas tun. Aber was? Wo anfangen? Vielleicht hatte Genica eine Idee? Da erst merkte ich, dass sie draußen vor der Tür wartete. »Mich graust, ich kann da nichts angreifen.« Ohne sie aber war ich in dieser Welt verloren. Sie merkte das und entschuldigte sich: »Ich weiß nicht, ob ich das schaffe.«

Weder die Nachbarin noch ich konnten in der folgenden Nacht schlafen. In der Früh ließ Genica ihren Haushalt stehen und drängte mich, wieder nach Țichindeal zu fahren. Zur Unterstützung nahm ich eine Sozialassistentin mit. Als

Erstes mussten wir mit Milu das Haus von allen verfaulten Sachen befreien. Die Kinder sollten so lange zu den Nachbarn gehen. Die drei Kleinsten konnte die Mutter dorthin schleppen, die Größeren waren nicht aus dem Raum zu bringen. Für sie war die Aktion wie ein Fest. Genica brachte die Kinder dazu, mitzuhelfen, sie selbst schaffte es nicht, etwas anzugreifen. Immerhin, sie ging zum Brunnen und brachte die schweren Kübel mit Wasser. Morgen müsse ihr Mann mitkommen, sagte sie, weil so viel zu reparieren sei. Auf der Rückfahrt hatte Genica noch viele Ideen, dann überkam sie wieder die Verzweiflung, von dem Umgang mit dem Elend überfordert zu sein. Besser ging es der Sozialassistentin. Sie übergab mir eine Liste mit Namen der Siedlungsbewohner, sie wusste auch, wer keine Sozialhilfe bekam, weil Dokumente fehlten. Zu Genica meinte sie, es sei besser, wenn man mit Handschuhen hierherkomme. Sie selbst hatte nichts als ihren Schreibblock in die Hand genommen. Sie war zufrieden, weil ihre Aufgabe erledigt war. Wenn in Ziegental jemand helfen kann, ist es die verzweifelte Genica.

Erschütterung ist kein wünschenswerter Zustand. »Euer Herz werde nicht erschüttert«, so hoffte Jesus für seine Schüler. Und doch war er selbst erschüttert, als er am Grab seines Freundes Lazarus stand, inmitten der verzweifelten Familie. Die Dunkelheit des Todes erfasste ihn. Er weinte. Mitten in der Erschütterung aber spürte er die göttliche Kraft, den Tod zu überwinden. Nicht durch die Idee mit den Handschuhen, sondern durch die Verzweiflung von Genica geschah der Aufbruch. Auf dem Papier können wir alles planen, doch nur wenn wir eingreifen und dabei Krankheit und Überforderung riskieren, wird sich für die Kinder von Ziegental etwas ändern. Die Kräfte meines Herzens, die den Tod überwinden, werden nur dort aktiviert, wo ich erschüttert bin.

Das römische Kindergrab aus Halbturn und das Zentrum der Religion

Was ist das Zentrum meiner Überzeugungen?

Dominik Markl

....

Glaubt an Gott und glaubt an mich!

JOHANNES 14,1

Ein Stücklein Goldblech in der Größe einer Briefmarke ist einer der erstaunlichsten Funde der jüngeren österreichischen Archäologie. In griechischen Großbuchstaben liest man darauf eingraviert: »SYMA ISTRAEL ADONE ELOE ADON A.« Trotz der sonderbaren Schreibweise besteht kein Zweifel daran, dass es sich dabei um das hebräische Schma Israel handelt – zu Deutsch: »Höre, Israel, der Herr, unser Gott, der Herr ist einzig.« Diese Aussage stammt aus dem Buch Deuteronomium (Deuteronomium 6,4) und ist bis heute ein zentrales Bekenntnis im täglichen Gebet orthodoxer Juden. Das Goldblech war ursprünglich gefaltet, eingerollt und in einer silbernen Kapsel verwahrt. Die Kapsel wiederum diente als Amulettanhänger und wurde im Jahr 2000 im Grab eines Kleinkindes im burgenländischen Halbturn nahe Carnuntum entdeckt. Die Inschrift datiert in das 3. Jahrhundert nach Christus und ist der älteste Beleg jüdischen Lebens im heutigen Österreich.

Das Amulett, etwa so klein wie eine Haselnuss, fügt sich in eine faszinierende kulturgeschichtliche Entwicklung ein, die fünf Jahrtausende umspannt. Im dritten Jahrtausend vor Christus entwickelten ägyptische Magier den Brauch, Beschwörungen der Götter auf Leinen- und Papyrusstreifen zu schreiben, die Patienten zur Heilung um den Hals oder andere Körperteile gebunden wurden. Ein gut erhaltenes Exemplar stammt aus Deir el-Medina bei Luxor, der Siedlung jener Arbeiter, die die Pharaonengräber im Tal der Könige aus dem Fels schlugen. Die Phönizier übernahmen den Brauch im 7. Jahrhundert vor Christus. Sie bewahrten die ägyptischen Sprüche treu, gravierten sie aber auf Silber oder Gold. Ebenfalls in der Eisenzeit beeinflusste der Brauch die israelitischen Autoren des Buches Deuteronomium: »Du sollst (diese Worte) als Zeichen auf deine Hand binden und sie als Merkzeichen auf der Stirn tragen.« (Deuteronomium 6,8) Wie Funde aus Qumran beweisen, folgen Juden seit der Antike dieser Aufforderung, indem sie sich beim Gebet Kapseln mit Worten aus dem Buch Deuteronomium um die Hand und an die Stirn binden. Im Sinn dieser Tradition hatten vermutlich jüdische Eltern das Amulett von Halbturn ihrem Säugling zum Schutz gegeben. Der Brauch stammte aus Ägypten, das Material aus Phönizien, die Schrift aus Griechenland. Sie lebten im heutigen Österreich, aber zentral war für sie nur eines: das biblische Bekenntnis zum einzigen Gott.

Die Anpassungsfähigkeit der Diasporajuden wurde zum Erfolgsrezept des frühen Christentums. Das Johannesevangelium verbindet seine jüdischen Wurzeln mit dem Denken griechischer Philosophie. Sein zentrales Anliegen, Jesus als Selbstoffenbarung des einzigen Gottes zu verstehen, kommt zum Ausdruck, wenn er selbst in seinen Abschiedsreden sagt: »Glaubt an Gott und glaubt an mich!« Ebenso wie dieses Evangelium spiegelt das Amulett aus Halbturn die Frage wider: Was ist das Zentrum meiner Überzeugungen? In welchen Dingen möchte ich mich meiner Umwelt anpassen? Fragen, die sich jedem Menschen stellen, in einer immer vielfältiger sich entfaltenden Welt.

Viel Platz zum Leben

Es ist ein Glück, sich frei zu bewegen
und arbeiten zu können.

Josef Steiner

....

Im Haus meines Vaters gibt es viele Wohnungen.
JOHANNES 14,2

Wir zehn Kinder hatten das Glück, in einem Bauernhaus, abseits vom Dorf direkt am Waldrand gelegen, aufzuwachsen. Im Winter hielten wir uns am liebsten in der warmen Stube auf. Auf Brettern über dem gemauerten Ofen sitzend, lauschten wir den Erzählungen einer Tante. Es waren meist eher gruselige Geschichten – heute wären sie pädagogisch nicht mehr zu verantworten –, mit denen sie die große Kinderschar etwas ruhig zu halten versuchte. Die Küche mit den vom Rauch einer ehemaligen offenen Feuerstelle geschwärzten Holzbalken – zu unserer Zeit gab es bereits einen gusseisernen Herd – war das Reich der Mutter. Dort bekam der Briefträger, so hieß der Postbote damals, meist nicht mehr ganz nüchtern, in seinem »letzten Haus«, wie er es nannte, seine obligate Stärkung mit Schnaps und Speck. Die Schlafzimmer, enge Schluchten mit jeweils vier Betten, ausgelegt mit Strohsäcken, suchten wir nur zum Schlafen auf. Vor allem im Winter war es dort ungemütlich kalt, manchmal das Fenster mit einer dicken Eisschicht überzogen. Tabu war für uns Kinder das Schlafzimmer der Eltern. Sexualität und Körperlichkeit wurden aus welchen Gründen auch immer geschützt und von uns ferngehalten. Ungern ließen wir uns in den Keller schicken. Ein dunkler Raum, als natürlicher Kühlschrank dienend, aus dem wir Kartoffeln, Kraut und andere Lebensmittel holen mussten. Am meisten aber fürchteten wir einen Verschlag hinter dem Stall, die Hütte mit der Streu für die Kühe und Kälber. Der fensterlose Raum diente als drohender Ort der Strafe für besonders schwere Vergehen, eine Art Vorhölle. Soweit ich mich erinnern kann, wurde sie nur virtuell eingesetzt, nicht in Wirklichkeit. So fanden wir Kinder inner- und außerhalb des Vaterhauses viele Räume und Plätze zum Spielen, Arbeiten, Meditieren, Alleinsein. Viel Platz zum Leben.

Jesus hat als Zwölfjähriger zum ersten Mal, entgegen dem Willen seiner Eltern, das »Haus seines Vaters«, so nennt er den Tempel, erkundet. Sieben Tage hat er Zeit dafür und würde doch länger brauchen. Beeindruckend das Völkergemisch auf dem riesigen Vorhof, mit den Händlern und Verkaufsständen. Dann das Schild »Zutritt verboten« für den Hof, in dem sich exklusiv die Männer seines Volkes versammeln. Tabu auch für diese dann das Allerheiligste, es ist für die Priester reserviert. Jesus geht an großen Vorratskammern vorbei, in denen Salz, Kohlen und Räucherwerk für den Gottesdienst gelagert sind. In die Quarantäne für die Aussätzigen und die mit ansteckenden Krankheiten Behafteten darf er nicht hinein. Schließlich kommt er – dort finden ihn später seine Eltern – in die Halle Salomos, in der diskutiert, gefragt, gestritten und gesucht wird. Ja, das Haus seines Vaters bietet viele Räume zum Verweilen und Bleiben, zum Beten und zum Gesundwerden. Dem Beispiel seines Vaters folgend hat Jesus dann ein Haus mit Aufenthaltsräumen für alle gebaut.

Großzügigkeit, Offenheit haben einen Grund. Sie liegen im Erleben von Weite und Vielfalt. Es ist ein Glück, sich frei zu bewegen und arbeiten zu können.

Seit Ostern gibt es einen Platz für mich

Wo ist mein Platz? Wo ist der Platz, an dem ich
zu Hause bin? Wer sind die Menschen, mit denen
ich etwas aufbauen kann? Wo ist der Platz, an dem
ich bleiben darf, wenn ich müde bin?

Georg Sporschill

....

Ich gehe, um einen Platz für euch vorzubereiten.
JOHANNES 14,2

Über den Bärenhügel gelange ich nach Ziegental, in das
abgelegene Dorf mit vielen besorgten Familien. Weil es
keine Arbeitsplätze gibt, aber viele Roma, ziehen die Rumänen weg. Nur noch Ältere bleiben da. Die Sachsen, die dem
Ort seinen Namen gegeben haben, sind damals nach der
Zerstörung durch die Türken im 16. Jahrhundert nicht mehr
zurückgekehrt. So verlassen das Dorf ist, es hat zwei Kirchen.
Ein altes blaues orthodoxes Kirchlein in der Mitte und ein
kleines Haus am Dorfeingang, das zum Gemeindesaal der
Baptisten vergrößert wurde. Hier bekommen Hungrige nach
dem Gottesdienst zweimal in der Woche ein Essen, hier wird
nicht zwischen Rumänen und »Zigeunern« unterschieden.
Am Ende des Dorfes, wo die Roma-Siedlung mit der Hausnummer 77 ist, bauen wir das Waschhaus, den Brunnen und
das Sozialzentrum. Wir werden hier arbeiten und beten,
ohne eine neue Kirche zu gründen. Es soll ein Platz werden,
an dem Menschen sich mit warmem Wasser waschen können und wo vor allem die unzähligen Rotznasen der Kinder
geputzt werden. Heute spielen um die Baustelle herum viele
Kinder. Mit den Bauleuten freuen sie sich an dem Platz, auf

dem gebaut wird. Die Gemeinschaft wächst. Jesus hat uns einen wunderbaren Platz gegeben. Er löst seine Zusage ein: »Ich gehe, um einen Platz für euch vorzubereiten.«

Die Bibel unterscheidet zwischen Platz, griechisch *tópos*, und Wohnung, griechisch *monē*. Das Bild von der Wohnung beschreibt die Sehnsucht aller Menschen. Eine Gemeinschaft, die mich trägt. Ein Ort, wo ich mich einbringen kann. Menschen, auf die ich mich verlassen kann. Dinge, die bleiben. Werte. Der Mensch ist auf der Suche nach einer solchen Bleibe. Jesus betont, dass es viele solche Wohnungen gibt. Viele Antworten auf die Sinnfrage. Viele unterschiedliche Räume, in denen jemand ein Zuhause findet.

Unter den vielen Wohnungen bietet Jesus einen bestimmten Platz an, einen Platz, wo er mit den Seinen lebt und wirkt. Einen Platz, an dem er die Sehnsucht der Menschen nach einer Bleibe erfüllt. Der Platz ist eine Baustelle. Gebaut wird eine Wohnung, die der Vater geplant hat. Auf dieser Baustelle lädt Jesus Menschen zur Mitarbeit an einer gerechteren Welt ein. Hier sollen sie Brüder und Schwestern werden.

Das ist der Sinn von Ostern. Am Karfreitag geht für Jesus der Weg der Hingabe zu Ende. Was er seinen Schülern vorgelebt hat, wird sich als Leben erweisen, das stärker ist als der Tod. Für die Menschen, die Jesus an seinen Platz zur Mitarbeit ruft, gibt es ein neues Zuhause. Eine Bleibe an einem Platz, der eine Adresse hat: das Christentum. Es unterscheidet sich von Wohnungen an anderen Plätzen. Das Adressbuch ist lang, es gibt viele Plätze, an denen die Welt wohnlich wird. Zu Ostern legt Jesus den Grundstein an jenem Platz, wo er das Haus mit den Seinen baut. Das Haus wird ein Mehrfamilienhaus werden – mit vielen christlichen Gemeinschaften.

Wo ist der Platz, an dem ich zu Hause bin? Wer sind die Menschen, mit denen ich etwas aufbauen kann? Wo ist der Platz, an dem ich bleiben darf, wenn ich müde bin?

Ein Datum, das alles verändert

Es ist ein Glück, ein Ziel zu haben,
das ich erreichen kann. Es überfordert mich nicht.
Es unterfordert mich nicht. Es ist mein Ziel.

Ruth Zenkert

....

Ich komme wieder und werde euch zu mir holen,
damit auch ihr dort seid, wo ich bin.

JOHANNES 14,3

Vielleicht liegt es an der sächsischen Großmutter oder der Tatsache, dass er im Kinderheim aufgewachsen ist, dass es in Aurels einfachem Häuschen so geordnet zugeht. Es sticht heraus in der Roma-Siedlung in Ziegental. Aurels Haus ist das erste auf der linken Seite. Seine Gefährtin Oara, Mutter von sechs Kindern, trägt das jüngste auf dem Arm. Laura, die Älteste, geht schon in die Schule. Aurel ist mit uns in jede einzelne der elenden Hütten gegangen und inzwischen zu einer großen Hilfe geworden. Er hat ein wenig Werkzeug und übernimmt kleine Reparaturen. Er fand auch die Leute, die den Brunnen für unser Waschhaus graben sollten. Damals zerlegte er sein eigenes Bett und baute aus den Brettern ein Gerüst für den Kran, an dem die Helfer die Eimer voll Lehm heraufzogen. Das Graben ging schnell voran. Der Platz um den neuen Brunnen war immer belebt, die Männer schauten zu und halfen mit, die Jungen wärmten sich am Feuer, die Kleinen spielten. Der Anführer war Aurel, für uns der Goldjunge, wie sein Name auf Deutsch heißt.

Eines Tages weinte Oara und vertraute sich mir an. Was war geschehen? Sie hatte nun schon so viele Kinder mit Aurel, aber noch immer hatte er sie nicht geheiratet. Die Hochzeit war ihr größter Wunsch. Als ich Aurel darauf ansprach, wich er aus; er habe nie darüber nachgedacht, er habe andere Sorgen, zum Beispiel Tag für Tag eine Arbeit zu finden. Oara konnte nicht mehr mit ihm reden. Ich kam auch nicht weiter. Bis er mir endlich sagte, dass er nicht heiraten könne. Eine Hochzeit koste zu viel Geld, die Gesundheitsuntersuchung, das Standesamt, der orthodoxe Pope und das Fest. Er müsse hundert Leute einladen. Das schaffe er nicht.

Am nächsten Sonntag kam Aurel mit seiner ganzen Familie zu uns auf Besuch. Ich staunte, alle waren sauber und festlich angezogen. Nichts von der Armut war zu sehen. Den ganzen Samstag über hatten sie sich auf den Sonntag in unserem Haus vorbereitet. Beim Essen besprachen wir den Plan, ein Sozialzentrum zu bauen. Dafür brauchten wir Aurel. Seither lebt er fast auf der Baustelle, arbeitet schwer, und Oara organisiert das Waschhaus. Sie holt Holz, wärmt das Wasser und lädt die Kinder und Mütter ein. Seifen werden vorbereitet, und sie legt Kartoffeln in den Ofen. Die Kinder kommen gerne zu ihr, während Aurel mit seinem Humor die anderen mitzieht. So werden die beiden das Geld für die Hochzeit verdienen.

An diese Geschichte denke ich, wenn Jesus verspricht: »Ich komme wieder und werde euch zu mir holen.« Aurel hatte den Wunsch zu heiraten verworfen, weil er unerreichbar war. Mit Oara verstand er sich immer weniger, sogar das Arbeiten fiel ihm schwer. Dass sie jetzt beide in einem Projekt ihre Aufgaben gefunden haben, hat alles verändert. Das Sozialzentrum wird im Mai stehen. Und am 11. ist Hochzeit. Die Hochzeitsgesellschaft ist auf dem Weg.

Es ist ein Glück, ein Ziel zu haben, das ich erreichen kann. Es überfordert mich nicht. Es unterfordert mich nicht. Es ist mein Ziel.

Bürger zweier Welten

Wer in eine andere Welt geht, muss sich wandeln.

Dominik Markl

....

Wohin ich gehe – den Weg dorthin kennt ihr.
JOHANNES 14,4

Hung, mein vietnamesischer Freund, ist kein echter Vietnamese. Er verließ Vietnam mit fünfzehn Jahren. Als er im Bus zum Flughafen aufbrach, verstand er mit einem Mal, dass er alle seine Freunde verlor. Trotz aller Armut hatten sie riesigen Spaß miteinander gehabt. Und er weinte. Aber zugleich war da der große Traum. Aus dem vom Krieg zerstörten Heimatland, auf dessen Straßen Leichen ihren Gestank verbreiteten, Leichen der vom Regime Ermordeten, hinaus ins Land der großen Träume, in die USA. Und in die warmen Arme seines Vaters, den er seit zehn Jahren nicht mehr gesehen, den er so lange für tot gehalten hatte. Das Flugzeug landete im Schneesturm in Denver, Colorado. Beim Wiedersehen mit dem Vater traf ihn der starre Blick eines kalten Fremden. Die leeren, winterlichen Straßen fühlten sich wie ein Friedhof an. Die nächsten fünfzehn Jahre seines Lebens suchte Hung nach seiner neuen Identität als »Vietnamese-American«. Zeitweise fühlte er sich wie ein wandelnder Widerspruch. Äußerlich ein angepasster Amerikaner, im Inneren besorgt um seine ursprüngliche Identität. Er fühlte sich als Bürger zweiter Klasse, wollte sich ständig beweisen.

In seinen inneren Kämpfen um seine Identität las Hung immer wieder die biblische Josefsgeschichte. Josef, der als jugendlicher Hebräer von seinen eigenen Brüdern nach

Ägypten verkauft wird, muss die Herausforderungen der fremden Welt bestehen. Unschuldig wird er ins Gefängnis gesteckt. Doch am tiefsten Punkt seiner Geschichte fühlt sich Josef von Gott begleitet. Die Erschütterungen seiner Jugend lassen ihn sensibel werden und kämpferisch zugleich. Im reichen Ägypten tun sich seinem Talent ungeahnte Chancen auf, und er wird zum höchsten Politiker des Landes. Der ägyptische Traum wird wahr. Das Wiedersehen mit seinen Brüdern zerreißt ihn innerlich, sie können seine Großzügigkeit nicht leicht annehmen. Die Versöhnung braucht viele Jahre.

Von der Josefsgeschichte fühlte sich Hung gestärkt. In seinem letzten Studienjahr wurde er zu einem der zwanzig besten Studenten der USA gekürt. Sein Selbstvertrauen wuchs. Mit dreißig kehrte er für ein Jahr in die Heimat zurück. Anstatt dass er dort, wie erhofft, seine vietnamesischen Wurzeln wiederentdeckt hätte, nannten ihn seine alten Freunde »American boy«. Und er selbst bemerkte, dass er nicht mehr dazugehörte. Er hatte gelernt, zu hinterfragen und gleichberechtigt zu sein, während das traditionelle Vietnam unhinterfragte Ehrerbietung vor Autorität und alten Bräuchen erwartete. Hung sagt, er habe Glück gehabt. Er gehört nicht zu jenen Hunderttausenden Vietnamesen, die in Booten flohen, von denen viele inmitten des Ozeans ertranken, verdursteten oder ermordet wurden. Wenn Hung an seine toten Freunde denkt, versucht er sie im Licht der Ostergeschichte zu sehen. Jesus sah seinen bevorstehenden Tod als einen Weg in eine neue Welt. Wer stirbt, macht sich auf den Weg in die göttliche Sphäre: eine letzte große Verwandlung.

Hung habe ich in Kalifornien kennengelernt. Seine Geschichte macht mir bewusst, dass auch ich auf dem Weg bin, herausgefordert, mich zu wandeln.

Der Weg ist ein Bild der Geduld

Welcher Lebensweg liegt hinter mir? Der Rückblick zeigt
mir, welchen neuen Schritt ich machen kann.

Georg Sporschill

....

Ich bin der Weg und die Wahrheit und das Leben.
JOHANNES 14,6

Im vierten Haus links oben am Hügel in Ziegental wohnt
meine neue Familie. Nicu, der älteste Sohn, ist behindert.
Weil seine Hose immer nass ist, steht er den ganzen Tag nah
beim Ofen, mit gesenktem Kopf. Manchmal wandern seine
Augen durch den Raum, dann haften sie wieder am Boden.
Er spricht nicht. Wer weiß, was er vom Geschehen im Raum
mitbekommt. Ohne zu fragen, habe ich ihn zu meinem
Patenkind gemacht. Jeden Tag, wenn ich in Ziegental bin,
besuche ich ihn.

Es ist später Vormittag, ich klopfe an. Nicu macht einen
großen Schritt und öffnet die Türe, die mit einer Schnur
zugebunden ist. Dass er das kann, habe ich nicht erwartet.
Wieder steht er am Ofen, mit starrem Blick auf den Boden.
Als unser Waschhaus fertig war, brachte seine Mutter ihn als
Ersten zum Waschen. Zuerst verschreckt, genoss er bald das
warme Wasser und die frischen Kleider. Er bekam neue
Turnschuhe. Als ich am nächsten Tag kam, waren die Schuhe
verkehrt angezogen und nass. Immerhin hatte er sie noch;
zunächst hatte es geheißen, er brauche gar keine. Besser barfuß oder in Plastiksandalen. Nun waren die Schuhe nass. Ich
musste zustimmen, dass man ihm die Schuhe wieder
abnahm. Nicu bekam einen Apfel. Und ich staunte, als ich

von ihm das erste Wort hörte: »*Mulţumesc*« (*multum est* – es ist viel), danke.

Im Haus, das aus einem Raum besteht, lebt Nicu mit seinen Eltern und fünf Geschwistern, ein siebtes Kind wird erwartet. Einmal haben wir gemeinsam den Abfall beseitigt, jetzt türmen sich wieder Kleider, Decken, Müll und Reste von Mamaliga. Ein anderes Essen als diesen Maisbrei habe ich dort nie gesehen. In der Ecke steht noch eine Plastiktonne mit verfaultem Kraut. Wenn ich heute komme, öffnet Nicu die Türe und schaut mir in die Augen. Und fragt: »Apfel?« Es wird wie ein Fest, wenn ich Äpfel bringe. Nicu führt mich einen Weg mit meiner Familie. Wir haben eine unausgesprochene Weggemeinschaft, und ich gebe die Hoffnung nicht auf, dass dieses Haus einmal bewohnbar wird. Und die anderen Häuser in Ziegental.

»Ich bin der Weg«, sagt Jesus von sich; der Weg hin zu einem menschlichen und erfreulichen Leben. Jesus fordert nicht das Ergebnis und den Erfolg, sondern bietet eine Weggemeinschaft an. Geduldig geht er mit, auf mein Lebensziel zu, auf das, was ich in Wahrheit bin. Er achtet auf den einzelnen Schritt, wie ihn Nicu macht, um dem Ankommenden die Türe zu öffnen. Und er hört das erste und zweite Wort, das der Behinderte herausbringt. Er übersieht nicht das Wohlgefühl nach dem Bad. Er rechnet mit den Umwegen, wenn es mit Schuhen noch nicht geht. Es gibt Überraschungen auf dem Weg. So bat der Vater um Farbe, um noch vor dem Osterfest den Raum neu auszumalen. Das Haus wird sauberer, heller und bewohnbar.

In den Exerzitien gibt Ignatius von Loyola die Übung vor, den eigenen Lebensweg zurückzuverfolgen, Haus für Haus, Tätigkeit für Tätigkeit, und die Beziehungen durchzugehen. Welcher Lebensweg liegt hinter mir? Der Rückblick zeigt mir, welchen neuen Schritt ich machen kann.

Eine starke Bitte, bescheiden vorgetragen

Es ist eine Kunst, tiefste Sehnsucht in ein einfaches
Wort zu kleiden. Wo ist mir das gelungen?

Josef Steiner

....

Philippus sagte zu ihm: Herr, zeig uns den Vater;
das genügt uns.
JOHANNES 14,8

Es war ein berührender Moment: jenes Konzert der Musikgruppe Austria 3, in dem Georg Danzer zum letzten Mal
mit Wolfgang Ambros und Rainhard Fendrich öffentlich
auftrat. Mit einer Mütze auf dem Kopf, die die Folgen einer
Chemotherapie zudeckte, stimmte der vom nahen Tod
gezeichnete Danzer eines seiner schönsten Lieder an. Die
kommenden Abschiede und Trennungen vor Augen, die
Kälte und das Dunkel des herannahenden Todes spürend,
der Blick zurück auf ein Leben mit Höhen und Tiefen gerichtet, das ehrliche Aufbegehren, noch nicht in die »Gruabn«
hinunter zu wollen und zu sterben – all das mündet bei ihm
in die immer wieder vorgetragene Bitte: »Lass mi amoi no
d'Sunn aufgehn segn«. Die Sehnsucht, einmal noch in den
Arm genommen und gehalten zu werden, einmal noch das
aufbrechende Leben in der Natur zu schauen, einmal noch
helle Worte an dunklen Tagen zu hören. Was für eine starke
Bitte, demütig vorgetragen. Unvergesslich.

Ähnlich stark der Auftritt von Philippus. Ihn hat Jesus –
so bezeugt es das Johannesevangelium – als Einzigen persönlich in seinen Mitarbeiterstab gerufen. Die anderen
kamen – heute würde man es so nennen – über Vermitt-

lungsbüros zu ihm. Damit hat Jesus von Anfang an klargemacht, dass sein Blick und sein Programm in jene Welt reichen, die mit dem griechisch klingenden Namen Philippus, Pferdeliebhaber, assoziiert wird. Philippus ist das Tor zu den Griechen, der Verbindungsmann zu den Fremden, zu den Völkern. Er wird in dieser Rolle sehr oft gefragt sein. Als es bei einer Großveranstaltung auf freiem Feld östlich des Sees Gennesaret um die Verköstigung der aus allen Teilen des Landes zusammenströmenden Menschen geht, überträgt Jesus Philippus die Verantwortung dafür. Realistisch schätzt dieser ein, dass zweihundert Denare für eine so große Menge nicht genügen. Da müssen schon noch andere Quellen erschlossen werden. Mit Geld allein wird der Hunger dieser Menschen nicht gestillt; das sieht Philippus klar. Als bei einem Fest griechische Pilger in Jerusalem von sich aus Interesse an Jesus und seiner Bewegung zeigen, wählen sie Philippus als Kontaktmann. Er stellt darauf gemeinsam mit Andreas diese Verbindung her, von der Jesus sagt: »Nun hat meine Sendung Erfolg, genau das wollte ich.« Und jetzt, als ihr Meister und Lehrer sich zu verabschieden beginnt, macht sich Philippus zum Sprachrohr für seine Gruppe und äußert eine Bitte, die für alle Menschen gilt: »Herr, zeig uns den Vater; das genügt uns.« Zeig uns das Geheimnis des Lebens, die Tiefe, das Abenteuer, den Gott der Bibel. Zeig uns eine Alternative zum griechischen Götterhimmel mit seinen vermenschlichten Göttern. Zeig uns heute eine Alternative zum modernen Götterhimmel mit seinen vergöttlichten Menschen, Sternchen und Stars.

Danzers und Philippus' Bitten sind nicht bescheiden, aber bescheiden vorgebracht. Es ist eine Kunst, höchste Sehnsucht in ein einfaches Wort zu kleiden. Wo ist mir das gelungen?

Muss es erst beim Abschied sein?

In der Nähe die Größe eines Menschen zu sehen, ist nicht selbstverständlich. Der Abschied öffnet die Augen für das Geheimnis des anderen, für seine Persönlichkeitstiefe. Gelegentliche Distanz setzt Liebeskraft frei.

Georg Sporschill

....

*Jesus antwortete ihm: Schon so lange bin ich bei euch
und du hast mich nicht erkannt, Philippus?*

JOHANNES 14,9

Vor zweiundzwanzig Jahren fanden wir am Bahnhof in Bukarest ein Kind, das dort mit seiner Mutter auf einer Toilette dahinvegetierte. Nur ein Häufchen Elend war zu sehen. Die Starken auf der Straße gaben dem Kleinen keine Chance. Er sei nicht nur dünn, sondern auch dumm, spotteten sie. Wegen seiner großen Zähne im kleinen Gesicht nannten sie ihn »Ratte«. Ruth schleppte Schobi, die Ratte, zu uns ins Sozialzentrum. Seither ist er bei ihr. Er ist auch von Bukarest nach Siebenbürgen mitgekommen. Im Hof kehrt er zusammen, früh und spät gießt er das Feld. Allein kann er nicht viel tun, er braucht immer Anleitung. Schobi raucht und trinkt, obwohl er das mit seinem Taschengeld gar nicht bezahlen kann. Immer öfter zankt er sich wegen Kleinigkeiten mit Ruth, an der er doch so hängt. Die Nähe wird für Ruth belastend. Ob er, ob sie das auf Dauer aushalten kann? Aber wohin könnte er gehen? Er braucht die geschützte Umgebung.

Neues Elend zog mich in das Roma-Dorf Ziegental und hielt mich fest. Dort besuchte mich Schobi gemeinsam mit Ruth. Wir gingen unseren Arbeiten nach, und Ruth vergaß ganz, dass sie sich um Schobi kümmern sollte. Er war umringt von Kindern, die ausgelassen mit ihm spielten. Von da an bat er jeden Tag, ob er nach Ziegental mitkommen dürfe. Schließlich übernachtete er sogar dort, in einem Raum mit sechs Kindern und deren Eltern. Morgens ging er die Straße entlang und machte eine Liste, wer am Nachmittag zum Baden kommen und welche Mutter im Waschhaus ihre Wäsche machen dürfe. Schobi hat in all den Jahren etwas Deutsch gelernt und nimmt nun stolz die neuen Volontäre auf seine Dienstwege mit. Besser als er könnte sie niemand ins Herz der Roma-Siedlung führen. Er begegnet den Ärmsten auf Augenhöhe, und die Kinder laufen ihm nach.

Als ein Freund zu Besuch war, beobachtete er Schobi und schlug dann vor, ihn doch bei seinem richtigen Namen zu nennen. Der Gast hatte in der »Ratte« Iulian erkannt, einen begnadeten Menschen, der seit über zwanzig Jahren zu unserer Familie gehört.

Zu den Schülern, die jahrelang mit Jesus leben durften, gehörte Philippus. Sein griechischer Name, Pferdeliebhaber, deutet darauf hin, dass er aus griechischem Milieu kam. Die heidnische Welt des Römischen Reiches war ihm vertraut. Bei Jesus konnte er zuschauen, wie er Licht in das Dunkel der Welt brachte und Kranke heilte. Philippus hatte seine Familie verlassen und genoss den Freundeskreis um Jesus, sie aßen miteinander und lernten die Thora, bis sie sie auswendig konnten. Jahrelang war Philippus Tag und Nacht bei Jesus, der ihm trotzdem sagen musste: »Schon so lange bin ich bei euch und du hast mich nicht erkannt, Philippus?«

In der Nähe die Größe eines Menschen zu sehen ist nicht selbstverständlich. Manchmal öffnet erst der Abschied die Augen für das Geheimnis des anderen, für seine Persönlichkeitstiefe. Gelegentliche Distanz setzt Liebeskraft frei.

Es bleibt etwas hängen

Was ist dir aus der Kindheit Wertvolles geblieben?
Was hast du aus einer Freundschaft mitgenommen?

Ruth Zenkert

....

Wer mich gesehen hat, hat den Vater gesehen.
JOHANNES 14,9

Kurz vor Mitternacht rüttelte jemand heftig am Tor. Ich hörte meinen Namen und die Worte: »Komm heraus, es ist dringend!« Cristina stand da, verzweifelt und verweint. Weil es in der kleinen Hütte so wenig Platz gab und sich bei der Mutter schon wieder Nachwuchs angekündigt hatte, sollte Cristina mit fünfzehn Jahren aus dem Haus. Mutter Anca und der große Bruder hatten einen Burschen ausgesucht, den sie heiraten sollte. Auf unsere Fragen hin schaute Cristina nur in die Ecke und murmelte: »Ich hasse ihn.« Auf keinen Fall wollte sie in der Nacht zurück zur Familie, Mutter und Brüder würden sie bloß schlagen. Plötzlich stand atemlos der Heiratskandidat in meiner Stube, entschlossen, sie sofort mitzunehmen, als seine Frau. Es dauerte lange, bis ich alle überzeugt hatte, noch zu warten; am nächsten Morgen würden wir weitersehen. Ich begleitete Cristina zurück zu ihrer Hütte und wartete draußen, ob es noch Streit und Schläge gäbe. Als ich ruhige Stimmen und dann nichts mehr hörte, ging ich nach Hause. Der Sturm hatte sich gelegt. Der Kandidat musste in den nächsten Tagen erfolglos weiterziehen.

Ich war sehr froh, dass das Mädchen wieder zu Hause war. Die Mutter saß mitten im Chaos, viele Kinder, ein Berg von Wäsche, und stillte den Kleinsten. Mit Cristina kehrte ich den Hof, wir verbrannten den vielen Müll, sie wusch das Geschirr und die Kleider. Wir brachten einen alten Schrank und räumten die Sachen hinein. Es wurde immer schöner im Haus. An die unebenen Lehmwände hängten wir Bilder. Am Abend begleitete sie mich oft zurück, und wir konnten reden. Nein, sie wollte nicht wie ihre siebzehnjährige Schwester jetzt schon Kinder bekommen, die sei jetzt schwanger mit dem dritten. Ich war glücklich, dass sie am Vormittag zu uns kam, um das Alphabet zu lernen. Als sie das erste Mal ihren Namen schreiben konnte, nahm sie das Blatt mit und hängte es zu Hause an die Türe. Wir sangen miteinander, und sie lernte die ersten Griffe auf der Gitarre. »Tanti Ruth«, so rief Cristina unter meinem Fenster, wenn sie ihr Herz ausschütten wollte.

Eines Tages kam sie nicht. Ich ging zur Hütte, um zu sehen, was los war. Da lagen Kartoffelschalen auf dem Boden, das schmutzige Geschirr stand in einer Ecke. Die Mutter zuckte die Achseln, sie wisse nicht, wo ihre Tochter sei.

Bald darauf sah ich Cristina mit dem Eimer auf dem Weg zum Brunnen. Sie hatte ein gelbes Kleid an. »Ich bin bei Dragos. Im Garten haben wir viel Arbeit, es geht uns gut.« Dragos war ihr neuer Freund, zu dem sie gezogen war.

War alles vergeblich gewesen? Unsere gemeinsame Arbeit, die Gespräche über eine Ausbildung? Über ihre Beziehungen zu den Burschen, meine mühsamen Versuche, sie aufzuklären? Würde sie bald wie ihre Mutter, umringt von vielen Kindern, vor einem Wäscheberg sitzen? Cristina hat bei mir eine andere Welt kennengelernt. Ich vertraue darauf, dass etwas bleibt, das in unserer Freundschaft gewachsen ist. So wie Jesus wusste: »Wer mich gesehen hat, hat den Vater gesehen.« Er hatte seinen Schülern etwas vermittelt, das gültig bleibt.

Christoph Kolumbus und sein
Libro de las profecías

Welcher Glaube gibt mir ein inneres Feuer?

Dominik Markl

....

Amen, amen, ich sage euch: Wer an mich glaubt,
wird die Werke, die ich vollbringe, auch vollbringen und er
wird noch größere vollbringen, denn ich gehe zum Vater.
JOHANNES 14,12

Christoph Kolumbus kehrte Ende November 1500 von seiner dritten Expedition nicht als Held zurück, sondern als
Gefangener. Zwar hatte er am Orinoco, dem viertgrößten
Strom der Welt, im heutigen Venezuela erstmals den amerikanischen Kontinent betreten und die drei Berge von Trini-
dad zu Ehren der Dreifaltigkeit benannt. Doch hatten die
Verwaltungsprobleme in den Kolonien der karibischen
Inseln den spanischen Hof veranlasst, Francisco de Bobadilla
zu entsenden, der Kolumbus und seine Brüder kurzerhand
in Ketten legte und zurück nach Spanien schickte. Kolumbus
suchte auf Einladung des Kartäusermönchs Gaspar Gorricio
in einem Kloster nahe Sevilla Zuflucht. Mit Gorricios Hilfe
verfasste er das Buch seiner Lebensmission, das *Libro de las
profecías*, dessen Original bis heute in der Biblioteca Colom-
bina an der Kathedrale von Sevilla aufbewahrt wird. Darin
legt Kolumbus den spanischen Monarchen Ferdinand und
Isabella dar, wie seine Lebensmission vor allem von biblischen Prophetien vorgezeichnet ist. Er ist berufen, das Evangelium bis ans Ende der Welt zu tragen: »Wer könnte daran
zweifeln, dass dieses Feuer nicht nur von mir kommt, son-

dern auch vom Heiligen Geist?« Kolumbus nahm seinen Vornamen wörtlich – Christusträger –, und er unterschrieb in diesem Sinn mit Vorliebe als XpoFERENS.

Vor diesem Hintergrund erscheint die erste Kurzvita des Kolumbus in einem bemerkenswerten Zusammenhang. Zehn Jahre nach Kolumbus' Tod, 1516, ließ der genuesische Dominikaner Agostino Giustiniani eine Ausgabe des Psalters in mehreren Versionen drucken: auf Hebräisch, Griechisch, Arabisch, Aramäisch und mit drei lateinischen Übersetzungen. Der neunzehnte Psalm beginnt fulminant und geheimnisvoll: »Die Himmel rühmen die Herrlichkeit Gottes, vom Werk seiner Hände kündet das Firmament. Ein Tag sagt es dem andern, eine Nacht tut es der andern kund, ohne Worte und ohne Reden, mit unhörbarer Stimme. In alle Länder hinaus geht ihr Schall, ihre Kunde bis zum Ende der Welt!« An dieser Stelle fügte Giustiniani einen außergewöhnlich langen Kommentar ein, in dem er Kolumbus' Entdeckungen und missionarische Leistung als Erfüllung dieses Verses erklärt.

Heute sehen wir die Folgen der Entdeckung Amerikas mit kritischeren Augen. Mehrere Kulturen und Religionen der amerikanischen Ureinwohner sind verschwunden, und über Jahrhunderte erreichte ihre Verfolgung das Ausmaß eines kontinentalen Genozids. Lateinamerikas Befreiungstheologen lesen die Bibel mit deutlich anderen Akzenten als Kolumbus. Für sie ist die Befreiung der Unterdrückten im Exodus grundlegend. Kolumbus' missionarisches Bewusstsein mag man als religiösen Wahn sehen, als maßlose Selbstüberschätzung oder als tragische Ironie der Geschichte. Dennoch bleibt es erstaunlich, wie viel Energie, Entdeckermut und Durchsetzungskraft die religiöse Lebensdeutung in Kolumbus geweckt hat. Das Leben gewinnt eine andere Perspektive aus dem Blickwinkel Gottes. Welcher Glaube gibt mir ein inneres Feuer?

Mutig um Großes bitten

Bedürfnisse und Sehnsüchte auszusprechen ist gesund.
Sie sind Ausdruck von Vertrauen und Nähe.

Josef Steiner

....

Alles, um was ihr in meinem Namen bittet, werde ich tun,
damit der Vater im Sohn verherrlicht werde.
JOHANNES 14,13

Rabbi Israel ben Elieser, auch Baal Schem Tov genannt –
das heißt »Meister des guten Namens« –, der Gründer
der jüdischen spirituellen Bewegung des Chassidismus,
pflegte sich täglich im Bach seines Dorfes zu waschen. Wenn
im Winter der Fluss vereist war, hackte er eine Stelle frei und
tauchte darin unter. Ein Bauer, der seine Hütte nahe dem
Bach hatte, sah einmal, wie der Rabbi den im Eis stecken
gebliebenen Fuß herausriss, sodass die Haut sich abschälte
und das Eis voll Blut war. Da legte der Bauer den Weg und
die Tauchstelle mit Stroh aus, damit der Rabbi darauf trete.
Ob solcher Aufmerksamkeit erfreut, fragte Baal Schem Tov
den Bauern: »Was möchtest du am liebsten, reich werden, alt
werden oder ein hoher Würdenträger in der Dorfgemeinschaft werden?« »Herr Rabbiner, Meister des guten Namens«,
sagte der Bauer, »alles ist gut.« Da hieß ihn der Rabbi am
Bach ein Badehaus bauen. Bald wurde bekannt, die kranke
Frau des Bauern habe in dem Fluss gebadet und sei gesund
geworden. Der Ruf des heilkräftigen Wassers verbreitete sich
immer mehr. Schließlich setzten die verantwortlichen Ärzte
bei der Regierung durch, dass das Badehaus geschlossen
wurde. Inzwischen aber war der Bauer reich geworden; man

hatte ihn zum Vizebürgermeister gewählt, und er badete täglich im Bach und wurde sehr alt.

Jesus hatte das Glück, dass die Menschen viel von ihm erwarteten. Er besaß die Fähigkeit, ihre Anliegen zu hören, und die Kraft, ihre Bitten zu erfüllen, und zwar nicht nur die Hilferufe der Kranken und Belasteten nach Heilung und Befreiung. Jesus hatte auch ein Ohr für die Bedürfnisse und Sehnsüchte der täglich mit ihm lebenden Frauen und Männer, für seine Schülerinnen und Schüler. So überraschte ihn eines Tages einer von ihnen mit der großen Bitte: »Herr, lehre uns beten! Öffne dein Herz und schenke uns Worte, wie wir unsere Beziehung zu dem unergründlichen Geheimnis unseres Lebens ausdrücken können.« Und Jesus lehrte sie das Vaterunser, das seitdem für unzählige Menschen jenes Gebet wurde, das sie in ihrem Herzen tragen. Einmal schickte Jesus seine engsten Mitarbeiterinnen und Mitarbeiter ins Praktikum. So wie er sollten sie in die ihnen noch fremden Häuser und Städte neues Leben, Frieden, Beruhigung bringen. Da baten alle wie im Chor: »Herr, stärke unseren Glauben, das Vertrauen, dass wir das können.« Und tatsächlich, diese Übertragung gelang Jesus, und sie hatten Erfolg. Solche Erlebnisse haben Jesus am Ende seines Lebens den selbstbewussten Satz sagen lassen: »Alles, um was ihr in meinem Namen bittet, werde ich tun, damit der Vater im Sohn verherrlicht werde.«

Bedürfnisse und Sehnsüchte auszusprechen ist gesund. Sie sind Ausdruck von Vertrauen und Nähe, besonders so großen Namen gegenüber, wie sie Rabbi Israel ben Elieser und Jesus tragen. Wen wage ich um Großes zu bitten?

Elijah im Feuerwagen:
ein Programm für die Sozialarbeit

Welcher Name verleiht dir Kraft, feuert dich an?
Welcher Name beschreibt dein Lebensprogramm?

Georg Sporschill

....

Wenn ihr mich um etwas in meinem Namen bittet,
werde ich es tun.
JOHANNES 14,14

Eines Abends saßen wir in der Küche unseres Hauses in Hosman beisammen und suchten einen Namen für unser neues Projekt im Roma-Milieu. Was würde ins Ohr gehen, welcher Begriff drückte das aus, was wir in Transsilvanien tun wollten? Wer ist uns ein Vorbild in der Sozialarbeit? Wer zeigt uns einen Weg zu den verwahrlosten Kindern? Wem ist es gelungen, die Kluft zwischen den Kulturen zu überbrücken? Wer hatte die Energie, Schwierigkeiten zu ertragen, bis sich der Himmel auftat?

Nach einigem Debattieren ließ Ruth den Namen des Propheten Elijah fallen. Alle merkten sofort, dass wir jetzt unseren neuen Namen gefunden hatten. Warum Elijah? Er stellte sich auf die Seite der Menschen, die in Not waren. Er reiste weit herum, kam bis in den Libanon und war Gast bei einer armen Witwe. Sie gab ihm das Letzte, was sie hatte, er aber gab ihr viel mehr zurück; Öl und Mehl sollten bei ihr nicht mehr ausgehen. Und er rettete ihr sterbendes Kind. Im Judentum gilt der Prophet Elijah heute als Helfer in jeder Not, zudem ist er der Wegbereiter des Messias. Beim Festmahl wird für ihn ein Platz freigehalten, für den Fall, dass der Messias kommt, für den Überraschungsgast ist man auf jeden Fall vorbereitet. Elijah stellte sich auf die Seite der unterdrückten Menschen; kein Wunder also, dass er selbst Verfolgungen ausgesetzt war. Die mächtige Königin Isebel fühlte sich durch ihn in ihrer Ungerechtigkeit ertappt und wollte ihn töten lassen, er musste fliehen. In seinem Versteck an einem Bach brachte ihm ein Rabe am Morgen und am Abend Fleisch und Brot. Elijah schrie nach Gott, der sich ihm im leisen Säuseln des Windes offenbarte. Das größte Werk dieses Propheten war, dass er eine große Schar von Schülern hinterließ und ihr seine Weisheit weitergab, bevor er im Feuerwagen in den Himmel auffuhr. Im Namen von Elijah wollen wir ans Werk gehen und den Weg in die Welt der Roma suchen. Er lässt das Feuer in unseren Herzen brennen, er treibt unsere Wagen an.

Wie Elijah bietet Jesus seinen Namen an, um Menschen anzufeuern. Nicht zufällig wird er von vielen mit diesem Propheten verwechselt. Doch Elijah hat nur die Funktion, dem Messias den Weg zu bereiten, sodass künftig aus allen Völkern – sie hießen damals Heiden – Menschen Lebenskraft von Jesus empfangen können. In seinem Namen übernehmen sie den Auftrag, in der Welt gegen Ungerechtigkeit zu kämpfen und für Frieden zu sorgen. Millionen von Menschen setzen ihr Vertrauen auf sein Wort: »Wenn ihr mich um etwas in meinem Namen bittet, werde ich es tun.«

Viele Namen spielen in unserem Leben eine Rolle. Wir sind in unseren Aufträgen nicht allein; dahinter stehen Geschichten, Vorbilder, Lehrer, Gemeinschaften, Gesichter.

Welcher Name verleiht dir Kraft, feuert dich an? Ein Freund, die Familie, ein Kind, für das du lebst? Mit welchem Namen würdest du dein Lebensprogramm beschreiben?

Guter Rat ist teuer

Du musst dem anderen nicht sagen, was er zu tun hat;
finde heraus, was an Sehnsucht und Kraft in ihm ruht.

Georg Sporschill

....

Ihr aber kennt ihn, weil er bei euch bleibt
und in euch sein wird.

JOHANNES 14,17

Ein Freund besuchte mich im Roma-Dorf Ziegental. Er
wollte die Not mit eigenen Augen sehen und überlegen,
wie er helfen könne. Wir gingen den Hügel hinauf, vorbei an
all den Hütten, die dieselbe Hausnummer haben: 77. Aus vielen Türen kamen Kinder und Mütter, manche baten uns, bei
ihnen einzutreten. Wir sollten ihre Misere sehen und verstehen, was sie brauchten. Windeln für die Kinder, Maisbrei für
die leeren Töpfe, eine Scheibe fürs Fenster, eine frische
Matratze, Winterschuhe für die barfüßigen Kinder.

Medikamentenverschreibungen und Stromrechnungen
wurden uns in die Hand gedrückt. »Wo ist der Vater?«, fragte
mein Freund. Er ist als Schafhirte bei einer Herde, er kommt
selten, und dann meist betrunken. »Warum lässt die Mutter
die Kinder im Dreck sitzen! Warum räumt sie nicht auf?«
Weil sie überfordert ist. »Die Kinder gehen nicht in die
Schule?« Die Eltern können nicht lesen. Zu Hause gibt es
kein Licht. Der Lehmofen ist zersprungen. Es riecht furchtbar, alles ist dreckig, das Wasser ist von weit her zu holen und
eiskalt. Es gibt nicht einmal ein Plumpsklo. Entsetzt schüttelte der Besucher den Kopf. Von den roten Röcken, den
Tänzen und der Zigeunermusik, die er mit dem Begriff

Roma verbindet, war nichts zu sehen und zu hören. Nur dumpfe Gesichter, Hunger, Behinderung und Aussichtslosigkeit.

Wir haben zusammen mit den Leuten aufgeräumt, die Kinder gewaschen, Klos und Öfen gebaut, Kleider und Essen gebracht. Was ist davon nach zwei Tagen noch zu sehen? Gehen jetzt mehr Kinder in die Schule? Ich weiß es nicht. Doch es gibt Iulian und Ana Maria und Lili, junge Menschen, die täglich diese Häuser besuchen. Die Bewohner freuen sich auf sie. Iulian laufen viele Kinder nach, sie spielen und lachen mit ihm. Edvin aus Lettland singt am Nachmittag mit den Kleinen. Jetzt kommen regelmäßig zehn oder zwanzig und machen mit. Am liebsten sind ihnen die drei Trommeln. Bald wird unser Haus in Ziegental fertig sein, und wir können dort wohnen.

Ich weiß keinen Ausweg aus dem Elend, ich kenne kein Patentrezept gegen die Verwahrlosung. Ich sehe den tiefen Graben zwischen Roma und Rumänen, obwohl sie Landsleute sind. Doch ich glaube daran, dass die Freundschaft, wie sie Iulian zeigt, die Geduld, mit der Lili mit den Kindern lernt, das Geschick, mit dem Ana Maria alles organisiert, Brücken bauen. Wenn sie den Kindern nahe bleiben, wenn wir dort wohnen, erwacht ein Geist, der die Hoffnungslosigkeit besiegt. Ich bin gerne in Ziegental und spüre schon, wie der gute Geist stärker und stärker wird.

Die Fragen des Besuchers verstehe ich, und ich habe keine Antwort. Doch ich übe mich in dem Vertrauen, das Jesus in seine Schüler setzt. In ihnen ist der Heilige Geist, aus ihnen wird die Antwort kommen. »Ihr aber kennt ihn, weil er bei euch bleibt und in euch sein wird«, ermutigt er sie. Der entlastende Ratschlag lautet: Du musst dem anderen nicht sagen, was er zu tun hat; finde heraus, was in ihm an Sehnsucht und Kraft ruht. Das gilt es freizulegen.

Sprung in die Liebe.
Eine Einladung zum Selbstversuch

Viele machen das Experiment, jemanden zu lieben.
Wann aber bist du das Risiko eingegangen,
dich lieben zu lassen?

Georg Sporschill

....

Wer mich aber liebt, wird von meinem Vater geliebt werden
und auch ich werde ihn lieben und mich ihm offenbaren.

JOHANNES 14,21

Als ich dreißig war, wollte ich für mich die Gretchen-Frage beantworten: Sag an, wie hältst du's mit der Religion? Gebe ich als Christ nur fromme Sprüche von mir oder liebe ich Jesus wirklich? Um das herauszufinden, startete ich einen Selbstversuch: Ich würde das aufgeben, was mir momentan die größte Sicherheit verlieh und am meisten bedeutete. Ich würde mich von allem trennen, worin ich am meisten investiert hatte, und mich Jesus bedingungslos in die Arme werfen. Würde er mich auffangen? Würde mich die Religion tragen? So kündigte ich im Amt der Vorarlberger Landesregierung, gab die Laufbahn als Beamter auf und trat in das Noviziat der Jesuiten ein. Der Test sollte mir Gewissheit geben, dass ich Jesus liebte. Die Frage, ob auch er mich liebte, stellte sich mir gar nicht. Mein Vater, der stolz darauf war, dass ich endlich dabei war, eine Karriere zu machen, wie er sie verstand, meinte verunsichert: »Jetzt fängst du schon wieder etwas Neues an. Aber du musst wissen, was du tust.«

Das war vor vierzig Jahren. Das Leben ist normal weitergegangen. Seit dem Sprung in die Liebe habe ich mit meinen Stärken und Schwächen genauso zu kämpfen gehabt wie vorher. Ich bin nicht heiliger geworden. Doch ein anderes Ergebnis hat der Test gebracht: Mir ist so viel Vertrauen entgegengebracht worden, wie ich nie geahnt hätte. Schon unmittelbar nach der Kündigung schüttete mein damaliger Chef, den ich sehr bewunderte, sein Herz bei mir aus, als sähe er mich schon als Beichtvater. Ich wurde zu Jugendlichen, in Gefängnisse, zu Straßenkindern geführt und mit ihnen in unglaubliche Abenteuer. Dass Gott mich unverdient beschenkt, weiß ich. Er lässt mich seine Nähe spüren in jeder Überforderung und in allem Versagen. Ich kann nicht daran zweifeln, dass Jesus mich in seine Freundschaft aufgenommen und mir die wunderbarsten Aufträge gegeben hat: Leben zu retten. »Was ihr dem Geringsten meiner Brüder getan habt, das habt ihr mir getan«: Dieses Wort hat Jesus gehalten. Er offenbarte sich mir in dem Rat, dorthin zu gehen, wo die Not am größten ist und andere nicht hingehen.

In Ziegental, wo in großem Elend nur noch Roma-Kinder und -Jugendliche leben, habe ich alles gefunden, wonach ich mich sehne. Dem gegenüber verblassen Mühen und Konflikte, die jedes Abenteuer begleiten.

Was geschieht einem Menschen, wenn er Jesus liebt? Dieser selbst antwortet: Er »wird von meinem Vater geliebt werden und auch ich werde ihn lieben und mich ihm offenbaren«. Große Aufgaben, ein spannendes Leben und viel unverdiente Liebe stehen dem mutigen Christen bevor. Er wird mehr geliebt werden, als er lieben kann.

Viele machen das Experiment, jemanden zu lieben. Wann aber bist du das Risiko eingegangen, dich lieben zu lassen, dich von der Liebe abhängig zu machen?

Gibt es eine säkulare Mystik?
Zu Virginia Woolfs *Mrs. Dalloway*

Es ist Hingabe, zu verbinden.
Es liegt eine Umarmung im Tod.

Dominik Markl

....

Jesus antwortete ihm: Wenn jemand mich liebt,
wird er an meinem Wort festhalten; mein Vater wird ihn lieben
und wir werden zu ihm kommen und bei ihm wohnen.

JOHANNES 14,23

Mrs. Dalloway, die Heldin des gleichnamigen Romans von Virginia Woolf, ist – von außen betrachtet – eine unerträglich oberflächliche Dame des Londoner Großbürgertums. Eine traurige Gestalt, die in ihrer blutleeren Ehe schon in mittleren Jahren wie eine alte englische Jungfer lebt; die ihre einzige Erfüllung darin findet, Partys für die High Society zu organisieren, um Leute zu versammeln, die einander an Skurrilität übertrumpfen. Selbst ihre besten Jugendfreunde belächeln sie für ihre Partys, geschweige denn, dass ihr Mann Richard sie versteht. Niemals, um nichts in der Welt, würde er eine Party geben. Warum macht sie sich dann diese Mühe, fragt sich Clarissa Dalloway schließlich selbst. »Da war So-und-so in South Kensington; jemand oben in Bayswater; und noch jemand, sagen wir, in Mayfair. Und sie hatte ein beständiges Empfinden für ihre Existenz; und sie fühlte, was für eine Verschwendung; und sie fühlte, wie schade; und sie fühlte, könnte man sie doch zusammenbringen; so tat sie es. Und es war eine Gabe; zu verbinden, zu erschaffen; aber für wen? Eine Gabe um der Gabe willen vielleicht.«

Clarissa Dalloway hält nicht viel von Religion. Nachdem sie ihre Schwester als Mädchen unter einem fallenden Baum sterben gesehen hat, entwickelt sie die Auffassung, dass »die Götter, die nie eine Chance verpassen, Menschenleben zu quälen, zu vereiteln und zu verderben, ernsthaft ausgeschaltet seien, wenn du dich trotz allem wie eine Dame benimmst«. Später denkt sie, es gebe gar keine Götter, »und so entwickelte sie diese Religion des Atheisten, Gutes zu tun um der Güte willen«. Der Tod taucht schließlich auch auf Clarissas Party auf – in der Erzählung vom Selbstmord jenes jungen Mannes, den Virginia Woolf zuvor durch den Bewusstseinsstrom seiner posttraumatischen Belastungsstörung bis in den Freitod begleitet hat. Die Erwähnung dieses Todes schlägt bei Clarissa Dalloway ein. »Der Tod ist Auflehnung. Der Tod ist ein Versuch zu kommunizieren; Menschen, die die Unmöglichkeit empfinden, das Zentrum zu erreichen, das ihnen mystisch entschwindet; Nähe entfernt sich; der Riss verblasst, man ist allein. Es liegt eine Umarmung im Tod.«

Als Virginia Woolfs Roman *Mrs. Dalloway* 1925 erschien, war die Erzähltechnik revolutionär, und die Feinfühligkeit der psychologischen Introspektive ging weit über die psychiatrische Praxis ihrer Zeit hinaus. Darüber hinaus deuten sich in *Mrs. Dalloway* aus einer radikal alltäglichen und säkularen Perspektive große Themen der christlichen Mystik an. In den Abschiedsreden des Johannesevangeliums deutet Jesus sein Leben im Horizont des bevorstehenden Todes als Hingabe, die Beziehung stiftet, die über dieses Leben hinausreicht. Jesus wünscht sich bleibende Beziehung mit jenen, die Freundschaft mit ihm bewahren, und will sie in die mystische Gemeinschaft mit seinem himmlischen Vater hineinnehmen. Es ist Hingabe, zu verbinden. Es liegt eine Umarmung im Tod.

Andere zu Wort kommen lassen

Wer nur von sich redet, ermüdet und langweilt.
Wem höre ich gerne zu?

Josef Steiner

....

Und das Wort, das ihr hört, stammt nicht von mir,
sondern vom Vater, der mich gesandt hat.
JOHANNES 14,24

Die Vorlesungen waren wenig aufregend, die Zahl der Studierenden überschaubar, die Atmosphäre im Hörsaal ruhig. Da kam zur Dreihundertjahrfeier der Fakultätsgründung ein berühmter Professor aus Deutschland und hielt einen Festvortrag zum Thema: Was kritisieren biblische Propheten? Und er legte los mit deren Kritik an Hirten, die sich selber weiden, nur ihre eigenen Pfründe und ihr eigenes Wohlergehen im Blick, Aufrührer und eine Bande von Dieben. Ihrer Kritik an Richtern, die bestechlich sind und deren Häuser voll sind von dem, was sie den Armen rauben. Ihrer Kritik an Priestern, die berauscht vom Wein und betäubt vom Bier schwankend ihren Dienst ausüben und sich dafür reichlich bezahlen lassen. Der Professor sprach von den harten Worten gegen das Volk, das sich auf jedem Hügel vor selbst gemachten Göttern aus Holz und Stein niederwirft und sich nach den Fruchtbarkeitsgöttern der Ägypter sehnt, dem »Nachbarn mit dem großen Glied«. Er vergegenwärtigte Propheten, die ihre Botschaft in provozierende Zeichen gossen. Jesaja, der drei Jahre lang nackt durch das Land zog, um sichtbar zu machen: So werdet ihr einmal ohne Reichtum und Schmuck, ohne Schutz und Würde dastehen, wenn ihr euch nicht ändert und umkehrt. Jeremia, der mit einem hölzernen Joch auf der Schulter durch die Straßen Jerusalems zog und damit eindringlich bat: Ergebt euch den übermächtigen babylonischen Gegnern; wenn nicht, werdet ihr wie Tiere mit Stricken um den Hals in die Gefangenschaft wandern. Ezechiel, der vierhundertfünfzig Tage lang mit wenig Brot und Wasser darniederlag, um zu zeigen: So groß werden Hunger und Durst in der belagerten Stadt Jerusalem sein, wenn die Verantwortlichen nicht ihre Politik des Widerstandes aufgeben und sich ergeben.

Eineinhalb Stunden lang lauschten dreihundert Studentinnen, Studenten und Gäste dem Vortrag. Kein Wort des Professors von seinen berühmten Büchern. Kein Wort über das, was er Aufregendes und Neues erforscht und entdeckt hatte. Kein Wort über sein Lebenswerk. Eineinhalb Stunden lang war er Sprachrohr allein für prophetische Worte. Unvergesslich.

Warum hören die Menschen Jesus gerne zu? Lieber als ihren Schriftgelehrten? Die Bibel drückt das mit dem frommen Bild aus, dass er von klein auf sein Ohr am Herzen des Vaters gehabt habe. Das heißt, dass er auf die Bibel hört. Vor allem auch auf die Reden und Zeichen der Propheten. Darum kann er am Ende seines Lebens den ihm Zuhörenden sagen: »Das Wort, das ihr hört, stammt nicht von mir, sondern vom Vater, der mich gesandt hat.«

Andere zu Wort kommen lassen ist ein starkes Mittel der Kommunikation. Es dient der eigenen Größe. Der Professor ließ das ebenso erleben wie Jesus. Wer nur von sich redet, ermüdet und langweilt. Wem höre ich gerne zu?

Starke Worte

Welches Wort gibt mir Kraft? Welcher Satz liegt mir
auf der Zunge, wenn ich in Not bin?

Ruth Zenkert

....

Das habe ich zu euch gesagt, während ich noch bei euch bin.
JOHANNES 14,25

Zum Glück sieht man heute am Telefon, wer anruft. So
kann ich mich vor manchen lästigen Menschen wegdu-
cken, wenn ich gerade nicht mit ihnen sprechen will. Aber es
gibt auch Leute, bei denen ich den Kontakt dosieren muss.
Moise, mein Freund in Bukarest, ist so ein Fall. Er hat den
ganzen Tag Zeit und ruft mich ständig an, erzählt mir, wer
gerade am Bahnhof ein Problem mit der Polizei hat, richtet
mir von allen Straßenkindern Grüße aus, verbindet mich mit
der Köchin aus dem Sozialzentrum. Während des Tages
kann ich nicht immer mit ihm plauschen, darum antworte
ich nicht, wenn ich sehe, dass die rumänische Nummer mit
883 endet – das ist die Handynummer seines Freundes. So
wendet er jetzt einen Trick an. Wenn er mir etwas ganz
Wichtiges zu sagen hat, dann spricht er auf der Straße einen
Passanten an, er sei in großer Not und müsse jemanden
anrufen. Mit der mir unbekannten Nummer erwischt er
mich. Wichtig ist ihm, dass er wieder zu uns nach Siebenbürgen kommen möchte. Weil er bei seinem letzten Aufenthalt
übertrieben hatte, blieb ich hart. Immer öfter hatten wir fest-
gestellt, dass Dinge aus dem Haus verschwanden. Eine Nachbarin brachte mir meine rote Uhr zurück, die Moise ihr zum
Geburtstag geschenkt hatte. Eine Ikone aus unserem Esszim-

mer hing plötzlich in der Dorfbar. Die Zeichenstunde konnte nicht stattfinden, weil die Buntstifte Beine bekommen hatten. Als er dann aus meinem Zimmer Ohrringe klaute, ein Geschenk meiner Eltern, reichte es mir. Er musste nach Bukarest zurück, »für immer«!

Nun versuchte er mich mit allen möglichen Tricks umzustimmen. Unter unbekannter Nummer und mit verstellter Stimme meldete er sich unter dem Namen Dr. Eldan: Sein Patient Moise sei todkrank, er müsse ihn nächste Woche am Magen operieren. Vorher habe er nur noch einen einzigen Wunsch: sich von mir zu verabschieden. Ich bat Dr. Eldan, nachzuschauen, ob sich im Magen des Bedauernswerten goldene Ohrringe fänden, und seinem Patienten Grüße auszurichten. Aber nach Hosman dürfe er nicht mehr.

Dann brachte er mich doch wieder zum Lachen. »Ich gebe zu, ich habe gestohlen«, meinte er kleinlaut. »Ich bin nicht würdig, dass ich eingehe unter dein Dach. Aber sprich nur ein Wort und meine Seele ist gesund.«

Moise hat mit dem Wort eines römischen Hauptmanns aus der Bibel eine aussichtslose Situation aufgebrochen. Der heidnische Soldat hatte Jesus damit dazu bewogen, sein Kind zu heilen. Und Jesus staunte: »So einen Glauben habe ich in ganz Israel nicht gefunden.« Jeden Tag bringen mich unsere Kinder und Freunde, die auf der Straße sind oder waren, zu einem solchen Staunen. Mit den Worten Jesu, mit ihrem Entgegenkommen, mit ihrer Durchhaltekraft. Wie sie leben und Liebe schenken, das erinnert mich mehr als viele Predigten an die Worte Jesu: »Das habe ich zu euch gesagt, während ich noch bei euch bin.« Durch meine Schützlinge ist Jesus mir heute nahe.

Welches Wort gibt mir Kraft? Welcher Satz liegt mir auf der Zunge, wenn ich in Not bin?

Pax Romana und Pax Christiana

Ganz Galiläa ist von den Römern besetzt ...
Ganz Galiläa? Nein!

Dominik Markl

....

Frieden hinterlasse ich euch, meinen Frieden gebe ich euch;
nicht einen Frieden, wie die Welt ihn gibt, gebe ich euch.
JOHANNES 14,27

Gaius Octavius Augustus starb im vierzehnten Jahr christlicher Zeitrechnung, vor zwei Jahrtausenden. Seinen
Ruhm als erster römischer Kaiser hat er nicht zuletzt seiner
Heeresreform zu verdanken: Er wandelte die aus Kleinbau-
ern rekrutierte römische Volksmiliz in ein straff durchorga-
nisiertes Berufsheer um. Die römische Militärmacht war
nun von kaum zu bezwingender Durchschlagskraft. Im Jahr
15 v. Chr. sandte Augustus seinen Stiefsohn Drusus im Alpenfeldzug über den Brenner und verleibte dem Imperium auch
den östlichen Alpenraum ein – nicht ohne eine markante
Spur der Zerstörung zu hinterlassen. Die Lehre vom gerechten Krieg jedoch, wie sie Cicero ausformuliert hatte, und
religiöse Kriegsbräuche erlaubten Augustus, seine Expansi-
onspolitik unter dem Anschein gerechter, friedlicher Gesin-
nung voranzutreiben, im Bewusstsein, er genieße die Zu-
stimmung der Götter. Zwei Jahre nach dem Alpenfeldzug
widmete der Senat dem Augustus die Ara Pacis, eine monu-
mentale Darstellung seiner Friedenspolitik. Nicht von unge-
fähr machte die Ara Pacis einen besonderen Eindruck auf
Mussolini, der die Reste des überbauten Altars unter schwierigen Bedingungen bergen ließ, um sie in imperialistischen

Propagandaausstellungen zu präsentieren – 1938 einem Staatsgast, den Charlie Chaplin als »großen Diktator« darstellen sollte.

Wir befinden uns im Jahre 14 n. Chr. Ganz Galiläa ist von den Römern besetzt ... Ganz Galiläa? Nein! In einem kleinen Dorf beginnt ein jugendlicher Galiläer dem Eindringling inneren Widerstand zu leisten. Die innere Freiheit dieses Jugendlichen entwickelt eine Anziehungskraft, die die Römer schließlich vermuten lässt, dieser Jesus habe sich als »König der Juden« aufgespielt – ein Affront gegen den großen Kaiser Tiberius. Als Jesus hingerichtet wird, ist er aus römischer Sicht nur einer von vielen kleinen Störenfrieden am Rand des Reiches, die mit einiger Regelmäßigkeit öffentlich zu henken sind: demonstrative friedenserhaltende Maßnahmen. Einem solchen Frieden, hinter dem sich eine Machtideologie verbirgt, setzt Jesus nach dem Johannesevangelium »seinen Frieden« entgegen, den er seinen Freunden hinterlassen möchte: eine innere Erfahrung, die Jesus aus seiner Gottesbeziehung schöpft. Friede ist für ihn ein göttliches Geschenk, das mit starken persönlichen Beziehungen verbunden ist, wie es Psalm 85 mit einmaliger Kraft zum Ausdruck bringt: »Ich will hören, was Gott, der Herr spricht: ja, er spricht Frieden zu seinem Volk und zu seinen Frommen ... Verbundenheit und Treue begegnen einander, Gerechtigkeit und Friede küssen sich; Treue sprosst aus der Erde hervor, Gerechtigkeit schaut herab vom Himmel.«

Jesus blieb seinen Freunden als ein Mensch in Erinnerung, der seinen Frieden gefunden hatte, obwohl sich das System gegen ihn wandte, um ihn zu vernichten. Der scheinbar Unwichtige wurde auf unscheinbare Weise wichtig. Er entfaltete eine größere Wirkung als jeder römische Kaiser. Warum? Vielleicht auch deshalb, weil die Sehnsucht nach dem Frieden, den er gefunden hat, bis heute weiterlebt.

Mandela und die Kunst, sich selbst auszuhalten

Können sich meine inneren Grenzen in neue Kräfte verwandeln?

Dominik Markl

....

Jetzt schon habe ich es euch gesagt, bevor es geschieht,
damit ihr, wenn es geschieht, zum Glauben kommt.
JOHANNES 14,29

Wenn wir auf Nelson Mandelas Leben zurückschauen, treten seine Leistungen wie Schlagzeilen vor Augen: siegreicher Widerstand gegen das Apartheid-Regime; erster schwarzer Staatspräsident Südafrikas; Friedensnobelpreisträger; Ikone der Freiheit. In den Hintergrund treten, zur Zahl erstarrt, die 27 Jahre seiner politischen Gefangenschaft. Wer kann und möchte sich schon die Tausenden Tage und Nächte der Trennung von geliebten Menschen vorstellen; das Totsitzen der produktivsten Lebenszeit; die psychische Gewalt der Mauern; die schleichende Verzweiflung. Was hat Mandela in dieser Zeit innerlich am Leben erhalten? Vielleicht seine Kindheit: die Tage und Nächte in der südafrikanischen Natur, die direkt vom Euter getrunkene Milch, das Schwimmen in kalten Bächen, das Spiel auf sonnenerwärmten Felsen. Bei der Zeremonie seiner Beschneidung lernte Mandela gemeinsam mit seinen Altersgenossen, Schmerz – nun als Mann – in Würde auszuhalten. Vielleicht waren es diese Ressourcen der Jugend, gemeinsam mit der im Jurastudium erarbeiteten geistigen Disziplin, die dem Gefangenen 46664 auf Robben Island die Kraft gaben, durchzuhalten. Doch darüber hinaus

muss er in der Isolationshaft auch »die Kunst, sich selbst auszuhalten« erlernt haben – wie Michael Bordt eines seiner
Bücher betitelt. Mandela muss den Ängsten, Aggressionen
und Hilflosigkeiten, die in den endlosen Stunden der Zellen-
einsamkeit wie Dämonen aus den Tiefen der Person aufsteigen, ins Auge geschaut und sie zu neuen Potenzialen trans-
formiert haben. Nur dies kann ihm die Kraft gegeben haben,
über Jahre seine Mitgefangenen zu ermutigen, ihre Würde
und den Glauben an die Zukunft zu bewahren. Dies verlieh
seinen Augen im Alter die Tiefe, seinem Auftreten die Ausstrahlung, die den Raum, den er betrat, veränderte und die
Atmosphäre der Feindschaft bezwang.

Mandela nützte sein Gefängnis wie eine Mönchszelle. Er
erlebte den Kampf mit Dämonen, wie ihn die Wüstenväter
beschrieben, und die »dunkle Nacht der Seele« der Mystiker.
Seine innere Entwicklung spiegelt sich schon in biblischen
Erzählungen. Im Buch Genesis wird Josef als Jugendlicher
von seinen Brüdern als Sklave verkauft. In Ägypten landet er
zu Unrecht im Gefängnis. Obwohl er selbst am Tiefpunkt seines Lebens ist, baut er eine gute Beziehung mit seinem Wär-
ter auf und ist sensibel für seine Mitgefangenen. Als er sie
eines Morgens nach ihrem traurigen Blick fragt und sie ihm
ihre Träume erzählen, öffnet er ihren Blick für die Zukunft.
Josefs Ausstrahlung und Begabung bringen ihn aus dem Ker-
ker, und er wird zum höchsten Politiker Ägyptens. Jesus, der
in der Einsamkeit der Wüste mit Dämonen gekämpft hat, ist
sogar kurz vor seiner Hinrichtung in der Lage, seinen Freunden Mut für die Zukunft zu machen. Wenn sie jetzt mit ihren
Ängsten konfrontiert werden, können sie später umso größeren Glauben finden – festen Halt im Leben.

Der Blick auf Mandelas Leben macht Mut, mich meinen
eigenen inneren Grenzen zu stellen. Wie können sie sich in
neue Kräfte verwandeln?

Aufbruch am Jahresbeginn – wie Klitschko

Welchen mutigen Schritt kann ich im neuen Jahr
machen, heraus aus alten Gewohnheiten,
damit etwas Neues entstehen kann?

Ruth Zenkert

....

Steht auf, wir wollen weitergehen von hier.
JOHANNES 14,31

Auf der Fahrt zum Kinderhaus in Ploiesti schliefen meine
zwei Begleiter übermüdet ein, seit Wochen waren sie
unterwegs gewesen: Deutschland, Amerika, Ukraine und
jetzt Rumänien, kein Tag Ruhe. Auf der Eingangstreppe vor
dem Haus wartete eine TV-Kamera: Wir sollten unseren
Kindern entgegengehen, rechts und links die Stars, beide
über zwei Meter groß, ich in der Mitte. Ich kam mir klein,
aber beschützt vor: zwischen Vitali und Wladimir Klitschko.
Sie waren zu uns gekommen, um sich für unsere Straßenkinder einzusetzen. Über das deutsche Fernsehen wurde durch
sie so viel Geld gesammelt, dass wir ein Haus kaufen und
renovieren konnten. 36 Straßenkinder haben seither Heimat
und eine Familie gefunden.

Unsere Jugendlichen waren begeistert von dem hohen
Besuch. Am Abend durften die Fans mit in eine Pizzeria. Die
Klitschkos bestellten für sich je drei Portionen von Spaghetti,
Fisch und Fleisch, danach ein üppiges Dessert. Sie erklärten
uns, dass sie gerade in der Muskelaufbauphase seien und viel
Kalorien zu sich nehmen müssten. Wir konnten gar nicht
fassen, wie viel ein Mensch essen kann. Seither verfolgten
wir jeden Boxkampf, zitterten mit ihnen und waren immer

in Kontakt mit unseren großen Freunden. Einmal waren wir sehr enttäuscht, als wir bis um drei Uhr aufgeblieben waren, um den Kampf mitzuverfolgen, und das Spiel schon nach drei Minuten mit einem K.-o.-Schlag Vitalis zu Ende war. Wir schrieben ihnen vor jedem Kampf, und sie machten sich jedes Mal die Mühe, uns zu antworten.

Wir fragten die Boxweltmeister: »Warum tut ihr euch das an, dass ihr euch auch noch für Straßenkinder einsetzt?« Sie erklärten: »Mit Stärke erreichen wir unser Ziel: den Sieg. Der tiefere Sinn der Stärke zeigt sich, wenn sie die Schwachen schützt. Deshalb setzen wir uns für Kinder ein. Weltmeister im Schwergewicht zu werden, ist nicht leicht. Vor jedem Kampf absolvieren wir ein intensives Trainingsprogramm. Aber eure Kinder haben täglich viel schwerere Kämpfe zu bestehen. Ihr begleitet sie und bereitet sie auf die Herausforderungen des Lebens vor. Dafür bewundern wir euch, und deshalb unterstützen wir euch.«

Jetzt sehe ich Vitali Klitschko in den Nachrichten auf dem Maidan in Kiew, mit schwarzem Anorak und Pelzkragen bei Minusgraden. Er kämpft heute für Demokratie und Freiheit in seiner Heimat, friedlich, ohne Blutvergießen. Sein Einsatz ist nicht ungefährlich. Präsident Janukowitsch stößt Drohungen gegen »Umstürzler« aus. Jeder, der bisher aufbegehrte, zahlte einen hohen Preis: Ein mysteriöser Autounfall, Vergiftung, Gefängnis, auch Angriffe auf Kinder und Verwandte sind Strategien gegen Unruhestifter. Was bewegt Vitali Klitschko, aus der Sicherheit des Stars aufzubrechen und sein Leben in der Politik aufs Spiel zu setzen?

»Steht auf, wir wollen weitergehen von hier«, sagt Jesus beim Abendmahl zu seinen Schülern. Nie ist ein Jude mehr mit seinem Volk und seiner Religion verbunden als beim Sedermahl. Es ist der Höhepunkt der Zusammengehörigkeit. Es ist ein mutiger Schritt, der ihn und später Judas in den

Tod führen wird. Doch dieser Mut führte zu einer neuen Gemeinschaft, zu einem neuen Werkzeug für den Frieden.

Wie die Klitschko-Brüder kann ich mich fragen: Welchen mutigen Schritt muss ich im neuen Jahr machen, heraus aus alten Gewohnheiten, damit etwas Neues entstehen kann?

Wie werde ich meine Unsicherheiten los?

Mit welchem Wort kannst du andere an einer
Aufgabe beteiligen? Welches Wort hat dich von
Unsicherheiten gereinigt und stark gemacht?

Georg Sporschill

....

Ihr seid schon rein durch das Wort,
das ich zu euch gesagt habe.
JOHANNES 15,3

Am Bahnhof in Bukarest schaute mich ein Kind mit großen Augen an und fragte: »Bist du mein Vater?« Über
zwanzig Jahre ist das her. Ich brachte es nicht übers Herz,
dem Kind die Wahrheit zu sagen, aber auch nicht, es anzulü-
gen. Doch das Kind ließ mir keine Wahl, weil sein Wort
weniger eine Frage als eine Hoffnung war, die nach Bestätigung verlangte. Denisa wollte sagen: »Du bist mein Vater.«
Damals habe ich versagt. Aber dieselbe Frage wurde mir
immer wieder gestellt, und so lernte ich zu sagen: »Ja, ich bin
dein Vater.«

Heute drehe ich dieses Hin und Her von Worten manchmal um und sage zu Babanuza: »Du bist meine Tochter.« Sie
wurde als Baby von ihren Eltern zurückgelassen, als diese
sich trennten. »Die interessieren mich nicht«, sagt Babanuza
schroff, wenn man sie nach ihnen fragt. Sie hat damit zu
kämpfen, dass sie verlassen wurde. Sie ist ein hübsches Kind,
aber nicht einfach. Durch die vielen Verletzungen ist sie sehr
unabhängig geworden. In unserer Musikschule fehlt sie oft,
obwohl sie sehr begabt ist. Die Lehrer kommen nur mit
Mühe mit ihr zurecht. Doch ich gebe die Hoffnung nicht auf,

dass sie mehr und mehr in unsere Gemeinschaft finden wird. Und ich spüre einen Mut, der über alles Rechnen und Planen hinausgeht. Wir werden für dieses Kind sorgen, bis es erwachsen ist. Babanuzas Wort hat mich zum Vater gemacht.

Das Wort des Kindes gab mir Kraft, wie das Wort Jesu seinen Schülern Kraft gab. »Ihr seid schon rein durch das Wort, das ich zu euch gesagt habe.« »Rein« hat etwas mit Stärke und Befähigung zu einer großen Aufgabe zu tun. Wer rein ist, kann am Gottesdienst teilnehmen. Rein bedeutet auch, mit der Schöpfung des Lebens im Einklang zu sein. Deshalb ist jemand, der einen Toten berührt, unrein. Er muss ein rituelles Bad nehmen, um wieder rein zu sein. Aus dem Bereich des Todes tritt der Mensch wieder in den Bereich des Lebens. Unrein ist auch eine Frau nach der Geburt eines Kindes oder in den Tagen der Menstruation, weil sie in diesen Zeiten besonderen Schutz braucht. Wenn sie wieder bei Kräften ist, nimmt sie das rituelle Bad und damit auch all ihre Verpflichtungen wieder auf. Sie ist rein. Das entspricht dem hebräischen »koscher«. Nach der Bibel ist das kein moralischer, sondern ein ritueller Begriff. Es bedeutet: Du bist zu den größten Aufgaben befähigt. Das Wort Jesu erfüllt seine Schüler mit Selbstbewusstsein, mit göttlicher Energie.

Die Kinder haben mich mit ihrem Wort rein gemacht, sie haben mich aus meiner Unsicherheit befreit. Jesus war ein Meister des Wortes. Er hat sein Werk aufgebaut, indem er zu seinen Schülern sagte: Ihr seid das Licht der Welt. Damit hat er sie stark gemacht und ihnen zugleich das weite Aufgabenfeld gezeigt.

Mit welchem Wort kannst du Menschen Selbstbewusstsein einflößen, Mut machen? Mit welchem Wort kannst du andere an einer Aufgabe beteiligen? Welches Wort hat dich von Unsicherheiten gereinigt und stark gemacht? Welches Wort hat dich in die Verantwortung geführt?

Träume und die Stärke der Verbundenheit

Trotz der Trennung gibt es die Erfahrung,
dass Beziehung wirklich bleibt und Kraft gibt.

Dominik Markl

....

Ich bin der Weinstock, ihr seid die Reben.
Wer in mir bleibt und in wem ich bleibe, der bringt reiche Frucht;
denn getrennt von mir könnt ihr nichts tun.

JOHANNES 15,5

Seitdem mein Bruder gestorben ist, habe ich oft von ihm
geträumt. Von diesen Träumen spreche ich selten,
geschweige denn, dass ich sie erzähle. Nicht, weil ihr Inhalt
so sonderbar wäre. Vielleicht eher, weil ihnen weiterhin die
geheimnisvolle Wichtigkeit innewohnt, die Beziehungen mit
Geschwistern an sich haben; und weil es diese unbewusste
Sorge gibt, der Zauber des Traumes könnte durch die Erzählung im profanen Alltag verloren gehen, das Realitätsemp-
finden des Traumes sich angesichts der »richtigen Wirklichkeit« verflüchtigen. Schreiben aber ist stiller als Reden. So
viel sei also hier verraten: Im Traum hat mein Bruder seine
Krankheit überlebt. Meist ist er noch irgendwie von ihr
geschwächt, aber doch, er lebt. Anfangs konnte ich es kaum
fassen. Dass er da war, lebendig, war ein Wunder. Jetzt habe
ich mich im Traum schon beinahe daran gewöhnt, dass er
wiederkommt … Wenn ich darüber nachdenke, regt sich
meine Neugier. Was träumen andere Menschen, die einen
nahen Angehörigen verloren haben? In anderen Kulturen?
Gibt es psychologische Studien dazu? Sicher, das wäre inte-
ressant zu wissen, denke ich mir dann, aber vielleicht ist es

wichtiger, was die Träume in mir auslösen. Sie sind der intensivste Kontakt mit meinem Bruder, der noch weitergeht. Und die Stimmung, die zwischen uns lebendig ist, tröstet mich. Im Traum ist er ruhig, wie er auch im Leben war, und er gibt mir etwas von seiner inneren Ruhe mit.

Nicht ganz so überraschend vielleicht, aber irgendwie verwandt sind jene einsamen, stillen und glänzenden Momente, wenn mit einem Gefühl der Wärme die Erinnerung an eine Freundschaft auftaucht, von der mich Meere und Berge trennen, und sich über Letztere hinweg eine wirkliche Verbundenheit bemerkbar macht. Wie viele Menschen verbringen heute ihr Leben in mehreren Ländern, auf verschiedenen Kontinenten, und müssen ihre Familien und Freundschaften für lange Zeiten zurücklassen? Gibt es außer den virtuellen globalen Netzwerken auch ein Netzwerk der inneren Verbundenheit?

Es ist wohl eine der Urfragen der Religionen, wie unsere getrennten Beziehungen weiterleben: mit den verlorenen Eltern, den verlorenen Kindern. »Ich werde einmal zu ihm gehen, aber es kommt nicht zu mir zurück«, sagt König David von seinem toten Kind. Seelen? Geister? Scheol? Unterwelt? Himmel? Nirwana? Die Bilder und Worte sind vielleicht nicht entscheidend. Was zählt, ist die Erfahrung. »Getrennt von mir könnt ihr nichts tun«, sagt Jesus seinen Freunden – kurz bevor er in den Tod geht. »Wer in mir bleibt und in wem ich bleibe, der bringt reiche Frucht.« Eine erstaunliche Gewissheit, später von seinen Freunden als Erfahrung niedergeschrieben, dass die Verbundenheit weitergeht und dass sie Lebenskraft gibt. Sie gründet in einer Geborgenheit, wie Karl Rahner vielleicht sagen würde, im ewigen Geheimnis. Trotz Trennung, Ferne und Sehnsucht gibt es auch die Erfahrung, dass Beziehung wirklich bleibt und Kraft gibt.

Ein Traum, der sich von menschlichen Möglichkeiten nicht fesseln ließ

Was ist mein größter Wunsch, der sich nicht an einen Menschen bindet, sondern ins Unendliche geht?

Georg Sporschill

....

Wenn ihr in mir bleibt und wenn meine Worte in euch bleiben,
dann bittet um alles, was ihr wollt: Ihr werdet es erhalten.
JOHANNES 15,7

Rabe«: So riefen die Kinder den elfjährigen Catalin, den seine Mutter zu uns ins Kinderhaus gebracht hatte, weil zu Hause bei den vielen Kindern zu wenig Platz war. Rabe wegen seines dunklen Gesichts. Das machte den Buben wütend und schwierig. Erst als Catalin musizieren durfte, ging er in die Schule. In unserem »Rosenorchester« spielte er Horn. Nach zwei Jahren gewann er bei einem internationalen Musikwettbewerb den ersten Preis. Da vertraute er mir seinen Traum an, in Salzburg Musik zu studieren. Er hatte keine Ahnung, wie schwer ein solches Ziel zu erreichen sei, hörte auf keine Einwände. Bei jedem Abendgebet wiederholte er die Fürbitte: »Lieber Gott, hilf mir, in Salzburg zu studieren!« In meiner Ratlosigkeit empfahl ich ihm, bei einem Benefizkonzert in Wien öffentlich seinen Wunsch zu sagen. Tatsächlich meldete sich eine Familie, die ihm nach der Matura das Studium ermöglichen wollte. Darauf wurden Catalins schulische Leistungen immer besser, sein Traum beflügelte ihn. Er machte die Matura, lernte Deutsch und erreichte die Zulassung zum Musikstudium in Wien. Heute übt Catalin täglich vier Stunden Wiener Horn und spielt in einer Band. Ich hatte seine Bitte nicht erfüllen können, und doch war der Traum immer stärker geworden. Das Vertrauen des Kindes ging weit über mich hinaus. »Ich wusste, dass Gott mir helfen wird«, sagt er, während ich dies schreibe.

Catalin hat den Ratschlag Jesu aufgenommen: »Bittet um alles, was ihr wollt, und es wird euch geschehen.« Sein Vertrauen ließ sich von meinen Möglichkeiten nicht einschränken. Er überwand meinen Kleinmut und erhoffte ein Wunder. Die Geborgenheit, die er in der Gemeinschaft des Kinderhauses gefunden hatte, und sein inniges Beten überwanden alle Grenzen. Das Kind richtete seine Bitte nicht an den Menschen, sondern sagte sie in die größere Welt Gottes hinein.

Jesus sagt seinen Schülern, wie das Bitten erfolgreich werden kann. Die einzige Bedingung dafür ist, in Jesus zu bleiben, mit ihm zu wohnen. Und er erklärt, wie das geht: »Wenn meine Worte in euch bleiben.« Wir haben seine Worte im Neuen Testament. Seine Schüler lesen es und spüren auch heute, wie eine geistige und geistliche Kraft daraus fließt. Wir hören täglich mit unseren Kindern die Worte aus der Bibel oder wir singen sie in Liedern. So stärken wir uns gegenseitig in einem Vertrauen, das jeden in seine Zukunft führt.

Es gibt Bitten, die Menschen nicht erfüllen können. Bitten, die überfordern oder Angst machen. Es ist möglich, solche Bitten einer größeren Welt anzuvertrauen und auf Wunder zu hoffen. Dann gewinnt ein Traum eine unglaubliche Kraft, die menschliches Planen übersteigt. Gott überrascht.

Wann hatte ich in meinem Leben einen Traum, der immer stärker wurde und sich von den sichtbaren Möglichkeiten nicht fesseln ließ? Was ist mein größter Wunsch, der sich nicht an einen Menschen bindet, sondern ins Unendliche geht?

Als Ali begann zu lernen

Was wiegt schwer in meinem Leben?
Wo habe ich Großes erreicht und viel gelernt?
Und – wer ist für mich ein Meister?

Ruth Zenkert

....

Mein Vater wird dadurch verherrlicht,
dass ihr reiche Frucht bringt und meine Schüler werdet.
JOHANNES 15,8

Im Speisesaal des Sozialzentrums stand ein Klavier. Viele klimperten darauf herum. Auch Ali. Immer öfter saß er dort und entwickelte eine eigene Fingertechnik, mit der er schöne Melodien spielte. Letzten Sommer kam er als Volontär zu uns nach Siebenbürgen. Auch hier steht ein Klavier. Unsere Musiklehrer baten Ali, der inzwischen recht gut spielte, die Übungsstunden der Kinder zu beaufsichtigen. Ali kam zwar an den Nachmittagen in die Schule, aber er war froh, wenn Schüler schwänzten und er nichts zu tun hatte. Dann spielte er am Klavier herum, alles aber etwas lustlos. Robert, unser Klavierlehrer, erkannte Alis Begabung und schlug ihm vor, die Noten zu lernen und Fingerübungen zu machen, um besser zu werden. Dann könne er auch ernsthaft Kinder unterrichten.

Das wurde sehr mühsam für Ali. Er hatte keine Lust, nach Noten zu spielen, da er ohnehin alles auswendig konnte, und noch weniger, die lästigen Übungen zu machen. Es brauchte einige Anläufe, bis er in Robert den Meister erkannte. Dann blühte Ali auf. Er stellte Fragen, entdeckte die Regeln der Harmonien und lernte neue Musikstücke. Bald durfte er einen Schüler unterrichten. Inzwischen hat Ali eine Musikgruppe mit den Kindern gegründet, sie üben abends miteinander und träumen von großen Konzerten. Die Kinder laufen ihm nach, sie nennen ihn *Clapatarul* – den Tastenmann. Die ersten Hauskonzerte durfte ich schon hören. Jetzt ist Ali nicht nur ein unscheinbarer Volontär, der eines Tages wieder spurlos verschwindet, sondern er ist ein Mitarbeiter geworden, der unsere Musikschule mitträgt.

»Mein Vater wird dadurch verherrlicht, dass ihr reiche Frucht bringt und meine Schüler werdet«: Dieses Wort Jesu erfüllt Ali. Der Wendepunkt war, als er Schüler wurde und zu lernen begann. Durch seinen Unterricht und seine eigenen Fortschritte gewinnt er an Gewicht in unserer Gemeinschaft. Sein Gesicht strahlt. Biblisch gesprochen: Er gewinnt Anteil an der Herrlichkeit Gottes. Das hebräische Wort für Herrlichkeit (*kabod*) bedeutet ursprünglich Gewicht. »Schwer wurden dem Mose die Hände, weil er sie in die Höhe halten musste, um seinem Volk im Kampf gegen die Feinde Mut zu geben« (Exodus 17,12). Der Begriff *kabod* – schwer – wird auch im übertragenen Sinn verwendet: »Salomo gab den Israeliten eine schwere Aufgabe« (1 Könige 12,4). Sie sollten für Gerechtigkeit in der Gesellschaft sorgen. Im Psalm 8 heißt es, dass Gott den Menschen als Herrscher über seine Schöpfung einsetzt und ihn mit Herrlichkeit krönt. Er lastet ihm Verantwortung auf.

Jesus will, dass wir an Gottes Gewicht mittragen. Wie geschieht das? Gewicht bekommt, wer etwas bewegt, um jemanden kämpft, sich abmüht. Wie Ali, wenn er lehrt und lernt. Was leicht erreichbar ist, hat kein Gewicht, es verweht wie die Spreu im Wind.

Was wiegt schwer in meinem Leben? Wo habe ich Großes erreicht und viel gelernt? Und – wer ist für mich ein Meister?

Wenn Lebenswege auseinandergehen

Welcher Abschied ist ein Grund zur Freude, die bleibt?
Eine Freude, die vielleicht erst aufstrahlt, wenn der
Schmerz des Abschieds sich mildert.

Georg Sporschill

....

*Dies habe ich euch gesagt, damit meine Freude in euch ist
und damit eure Freude erfüllt werde.*
JOHANNES 15,11

Andreas war neunzehn und hatte die Ausbildung abge-
brochen. In mehreren Schulen und Internaten hatte er es
versucht. Der junge Mann war hochbegabt, aber wahrscheinlich hatte er die Scheidung der Eltern nicht verkraftet.
Schließlich war er ins Drogenmilieu geraten und zu einer
bedingten Strafe verurteilt worden. Nun sollte er einen The-
rapieplatz annehmen. Damals bot sich die Möglichkeit, ihn
bei uns im Bildungshaus der Jesuiten wohnen zu lassen. Als
Pförtner verdiente Andreas dort seinen Lebensunterhalt und
ging in die Maturaschule. Abends begleitete er mich zu den
Jugendgruppen. Er war etwas älter als die anderen und hatte
mehr Erfahrung, er wurde bewundert und geliebt. Um zehn
Uhr nachts ging ich meist in mein Zimmer; dann saßen wir
noch eine Stunde zusammen und redeten über alles, was am
Tag geschehen war. Wir träumten von Reisen, die wir im
Sommer mit Jugendgruppen durchführen würden. Manchmal führte mich mein Begleiter nachts in Drogenlokale, die
ich mit Neugier und Scheu erforschte. Andreas meinte, es
müsse uns doch gelingen, Drogensüchtige zu retten. Da war
er über den Berg. In einem Jahr holte er den gesamten Stoff

der Oberstufe nach. Kaum hatte er die Matura in der Tasche, verliebte er sich in eine junge Französin und zog zu ihr ins Elsass, um dort zu studieren. Mein treuer Begleiter war weg. Eigentlich hätte ich mich freuen sollen über das Wunder, das sich in dem gemeinsamen Jahr ereignet hatte, aber es fiel mir schwer.

Wie gelingt es, sich im Abschied zu freuen? Jesus hat für seine Schüler, für die er sein Leben hingegeben hat, das erklärte Ziel: »Damit meine Freude in euch ist und damit eure Freude erfüllt werde.« Johannes der Täufer, der Freund, freut sich über Jesus wie ein Bräutigam über seine Braut. Jesus freut sich als Lehrer beim Säen und beim Ernten. Die größte Herausforderung jedoch ist der Abschied. Wenn Jesus zum Vater geht und die Schüler zurücklässt, soll das für sie ein Grund zur Freude sein? Wie kann sich jemand freuen, der das Liebste verliert, der alles verliert? Wir stehen vor dem letzten Geheimnis der Liebe, wie wir es in der Erziehung schmerzlich-schön erleben. Das Ziel ist die Selbstständigkeit des Kindes, dem wir alle Aufmerksamkeit und Liebe schenken, an das wir uns gebunden haben. Wenn es dann so weit ist, dass die Lebenswege auseinandergehen, wird dann die Freude den Schmerz des Abschieds überstrahlen? Wird die Freude im Herzen des Schülers jene Energie freisetzen, die ihn in seine Zukunft führt? Die Freude des Schülers soll sich erfüllen.

Das Ziel der Liebe ist nicht das Zusammensein und schon gar nicht das Festhalten, sondern der Abschied, das Freigeben. Für den Weg, den nur jede und jeder Einzelne selbst kennt. Viele Abschiede müssen wir nehmen.

Welcher Abschied ist ein Grund zur Freude, die bleibt? Eine Freude, die vielleicht erst aufstrahlt, wenn der Schmerz des Abschieds sich mildert.

Denn er ist wie du. Denn sie ist wie du.

Wie weit kann man aus Liebe gehen?

Ruth Zenkert

....

Das ist mein Gebot: Liebt einander, so wie ich euch geliebt habe.
JOHANNES 15,12

Und du hättest uns wirklich alle verlassen?«, fragte ich meine Mutter geschockt, »den Papa und uns alle, uns vier Kinder?« »Ja«, sagte sie ganz klar, mit ihrem strengen Blick, den ich als Kind nicht gerne mochte. Mir blieb der Atem stehen. Geborgen war ich aufgewachsen. Auch wenn es zwischen den Eltern manchmal krachte, war es für uns völlig ausgeschlossen, dass unsere Familie zerbrechen würde. Was für mich damals so selbstverständlich war, wurde mir erst später bewusst, als ich mich um Kinder kümmerte, die eine schwierige oder keine Familie hatten.

Wenn ich heute meine alten Eltern besuche, höre ich gerne, wenn sie von ihrer Kindheit erzählen, von der verlorenen Jugend im Krieg, von der Zeit, als wir Kinder waren. Einmal wollte ich wissen, wie sie damit zurechtkamen, als sie erkannten, dass unsere jüngste Schwester behindert ist. Der Arzt hatte ihnen geraten, uns Geschwistern das Problem nach frühestens drei Monaten mitzuteilen, erst wenn wir die kleine Schwester ganz angenommen haben würden. Meine Mutter konnte die drei Monate nicht abwarten, sondern fasste einen Plan: Sollten wir unsere Schwester nicht lieben, würde sie mit ihr in die Schweiz gehen und dort in einem Kinderheim arbeiten. In jedem Fall würde sie wie eine Löwin für ihr Kind kämpfen.

War die Liebe meiner Mutter zu mir und meinen Geschwistern so schwach, dass sie uns im Stich gelassen hätte? Nein, bald verstand ich: Ihre Liebe zum hilfsbedürftigen Baby war so groß, dass sie sogar auf die Familie verzichtet hätte. Hatte sie mit ihrem radikalen Plan das Gebot Jesu erfüllt: »Liebt einander, so wie ich euch geliebt habe«? Was ist das Besondere an seinem neuen Gebot, das doch uralt ist? Tausende Male hat es Jesus schon in der Thora gelesen: »Du wirst deinen *Nächsten* lieben, wie dich selbst« (Levitikus 19,18), konkret sogar: »Du wirst den *Fremden* lieben, wie dich selbst« (Levitikus 19,34). Martin Buber übersetzt das hebräische Wort in genialer Weise anders: »… denn er ist wie du.« Das Wissen, dass wir dem anderen so ähnlich, ja sogar gleich sind, bringt eine Dynamik in Gang. Ich kann den Fremden annehmen, weil er ist, wie ich bin. Und nicht anders oder fern von mir. Wenn Nächstenliebe und Selbstliebe zusammenfallen, stimmt es. Alles andere ist fromme Lüge. Dieses göttliche Gebot lebte Jesus. Neu daran ist »nur«, dass die Welt einen neuen Meister der Liebe in ihm gefunden hat. Einen, der die Fremdenliebe aus der Thora so wörtlich nahm, dass er die Feinde liebte. Es waren die römischen Besatzungssoldaten ebenso wie seine eigenen religiösen Führer. Für sie hat er sein Leben hingegeben, um sie zu »entfeinden«, wie Pinchas Lapide übersetzt. Er nahm der Feindschaft die Kraft. Nicht mit einer Theorie, sondern durch seinen persönlichen Einsatz. Wer Liebe lernen will, kann auf Jesus schauen. Ich darf spüren, wie Jesus seinen Blick mir zuwendet. Für mich, für den Fremden und für meinen Nächsten, für Jesus gilt: »Denn er ist wie du. Denn sie ist wie du.« Dieses Wissen setzt jene Liebeskraft frei, die meine Mutter für das behinderte Kind aufbrachte.

In wem habe ich einen Meister der Liebe gefunden? Wie weit bin ich schon aus Liebe gegangen?

Vom Menschenopfer zur Lebenshingabe

Für wen setze ich mein Leben ein? Was ist die größte
Liebe, die ich geben kann und möchte?

Dominik Markl

....

Es gibt keine größere Liebe, als wenn einer sein Leben
für seine Freunde hingibt.
JOHANNES 15,13

D as schlagende Herz eines geopferten Menschen hielt ein
aztekischer Priester täglich der Sonne entgegen, um die
Gunst des Gottes Huitzilopochtli und die kosmische Ordnung aufrechtzuerhalten. Noch vor fünf Jahrhunderten
opferten Inkas drei Mädchen auf dem über 6700 Meter
hohen Vulkan Llullaillaco in den Anden. Ihre Mumien sind
uns beinahe unverändert erhalten. Doch nicht nur bei Völkern Amerikas, sondern auch in vielen anderen Kulturen der
alten Welt waren Menschenopfer verbreitet: bei den Skythen,
den Galliern und in der nubischen Kerma-Kultur; in China
schon seit der Jungsteinzeit. Auch wenn dies für uns heute
vollkommen unvorstellbar ist, scheint es im frühen Stadium
menschlicher Religionen ein weit verbreiteter Gedanke
gewesen zu sein, menschliches Leben müsse geopfert werden, um die Gunst von Göttern zu erlangen.

Auch in biblischen Texten finden sich Hinweise, dass in
Nachbarvölkern Israels Kinder dargebracht wurden, beson-
ders für den Gott Moloch. Die Bibel wendet sich mit harten
Worten gegen Kinderopfer – sie seien für Gott ein Gräuel.
Eine Erzählung im Buch Genesis zeigt geradezu archetypisch
die Überwindung des Menschenopfers. Gott fordert von

Abraham, seinen einzigen, geliebten Sohn Isaak zu opfern. Abraham geht mit Isaak zu einem Berg im Land Morija und baut dort einen Altar. Als er Isaak festgebunden hat und das Messer nimmt, um Isaak zu töten, hält ihn ein himmlischer Bote zurück. Er erklärt Abraham, es sei nur darum gegangen, seine Gottesfurcht zu prüfen. An der Stelle seines Sohnes opfert Abraham einen Widder. Jeder erstgeborene Sohn gehört gemäß dem Alten Testament Gott; im Sinn der Erzählung der »Bindung Isaaks« jedoch wurde im Jerusalemer Tempel stellvertretend für jeden Erstgeborenen ein Tier dargebracht.

Das Neue Testament dreht den alten Gedanken des Menschenopfers in gewisser Hinsicht um. Nicht nur, dass Gott kein Menschenopfer fordert, sondern Gott habe sich in Jesus, seinem einzigen, geliebten Sohn gleichsam selbst der Menschheit hingegeben. Jesus wird so zum göttlichen Liebesbeweis: »Es gibt keine größere Liebe, als wenn einer sein Leben für seine Freunde hingibt.« Christen erinnern sich daran besonders in der Karwoche, aber auch bei jeder Messe. Obwohl das Christentum das alte Menschenopfer ganz hinter sich gelassen hat, geht es in seinem Zentrum weiterhin um die Frage des Lebens und der Hingabe: »Wer sein Leben retten will, wird es verlieren; wer aber sein Leben um meinetwillen verliert, wird es gewinnen.«

An diese Worte hat sich der Franziskaner Maximilian Kolbe wohl erinnert, als er sich in Auschwitz stellvertretend für den Familienvater Franciszek Gajowniczek in den Hungerbunker sperren ließ, um dort zu sterben. Sein Mut und die Grausamkeit der Mörder scheinen mir beinahe ebenso schwer zu fassen wie die alten Menschenopfer. Die Frage der Hingabe ist herausfordernd; sie berührt die Mitte der Existenz – ob sie sich nun religiös oder rein menschlich stellt. Für wen setze ich mein Leben ein? Was ist die größte Liebe, die ich geben kann und möchte?

Vom Umgang mit dem Hass

Wo stößt du auf Schwierigkeiten?
Wo erfährst du Ablehnung? Es könnte die Bestätigung
sein, dass du auf einem guten Weg bist.

Georg Sporschill

....

Wenn die Welt euch hasst, dann wisst,
dass sie mich schon vor euch gehasst hat.
JOHANNES 15,18

Das rumänische Dorf Țichindeal hat gut 200 Einwohner,
Roma und Rumänen. Fast alle Rumänen sind alt, die
Jungen sind weggezogen. Die Leute arbeiten auf ihren kleinen Höfen, andere Arbeitsplätze gibt es nicht. In der Schule
mit vier Jahrgängen und einem Kindergarten sind nur Kinder aus Roma-Familien, die am Rande des Dorfes angesie-
delt sind. Die Rumänen-Rumänen werden aussterben, die
Roma-Rumänen nehmen zu. Der Kinderreichtum ist ihr
einziger Reichtum. Da manche Häuser mitten im Dorf leer
stehen und schon verfallen, hatten wir die Idee, ein Haus mit
großem Garten zu erwerben und dort zwei Familien mit acht
und zehn Kindern unterzubringen. Die Mütter und Väter
leisten in unserem Sozialzentrum gute Arbeit. Ich erzählte
Nelu, dem Kaufmann im Dorf, von unserem Plan. Er ist
unter den Rumänen-Rumänen einer unserer wenigen
Freunde, alle anderen finden uns verrückt oder gefährlich,
weil wir zu den Roma halten. Der Kaufmann warnte mich
vor dem Projekt. Keine Roma-Familie könne ins Dorf kommen, sie müssten unten am Bach oder oben auf dem Hügel
bleiben. In Sorge, ich würde seine Warnung nicht ernst neh-

men, schickte er noch den freundlichen Polizisten aus dem Nachbardorf, um mir zu sagen, unsere Pläne würden einen Sturm auslösen, den wir nicht überstehen würden. So tief ist der Graben zwischen den Bevölkerungsgruppen, solchen Hass ernten wir in unserer Arbeit.

Mich stärkt das Wort Jesu: »Wenn die Welt euch hasst, dann wisst, dass sie mich schon vor euch gehasst hat.« Jesus teilt das Schicksal mit den Propheten, die die Bibel kritisch gegen die politischen Herrscher und Mächtigen in Israel auslegten. Jesus pries seine Schüler selig, wenn sie wie die Propheten verfolgt wurden. Die Frage ist, wie sie diese zunächst negative Erfahrung verarbeiten. Der Hass anderer trägt eine Botschaft in sich. Wer sich auf die Seite der Schwachen, der Fremden, der Armen, der Sünder und der Kranken stellt, muss wie Jesus mit dem Prophetenschicksal rechnen. Jesus erntete Misstrauen, Ablehnung und den Hass der Führungsschicht, das Volk aber liebte ihn. Gegenwind, Ablehnung bis hin zur Verfolgung sind Formen des Hasses, der offensichtlich wird, wenn wir uns auf die Seite der Unterdrückten und Armen stellen oder wenn wir etwas Neues wagen, das Traditionen bedroht.

Ignatius von Loyola gründete im 16. Jahrhundert eine ganz neue Form von Ordensgemeinschaft, als Alternative zum Kloster. Bald breitete sich der Jesuitenorden weltweit aus. Am Ende seines Lebens sorgte sich Ignatius um seine Gründung. Wenn der Orden nicht verfolgt wird, hat er seine Berufung aufgegeben, soll er die Brüder gewarnt haben. Den Hass der Welt zu spüren, weckt Widerstandskraft. Ich gewinne Selbstbewusstsein und merke, was das innerste Ziel meines Lebens ist, was mich erfüllen kann. Die Bettler in Österreich und die Roma in Ţichindeal führen uns in eine prophetische Aufgabe.

Wo stößt du auf Schwierigkeiten? Wo erfährst du Ablehnung? Es könnte die Bestätigung sein, dass du auf einem guten Weg bist.

Spannungsfelder

Aus welcher Welt stamme ich? Woher schöpfe ich
meine Kraft? Wo gehöre ich heute dazu?

Ruth Zenkert

....

Wenn ihr von der Welt stammen würdet,
würde die Welt euch als ihr Eigentum lieben.
JOHANNES 15,19

nima de Ziganca« – vom Herz der Zigeunerin – singen die
Kinder gerade, als ein kleiner Erdklumpen durchs offene
Fenster ins Zimmer saust. Die Musiker sind so konzentriert,
dass sie es gar nicht bemerken. Es ist ein kleines Hauskonzert,
bei dem unsere besten Schüler und Schülerinnen stolz zeigen,
was sie gelernt haben. Von draußen ist immer lauter werden-
des Rufen zu hören. Jetzt geht ein Volontär hinaus, um zu
sehen, wer uns stört. Elena steht am Hoftor und fuchtelt
wütend herum. Sie ist eine Tante oder Großtante von Ioana.
Ioana solle herauskommen, sie müsse auf der Stelle nach
Hause. Unser Mitarbeiter versucht, ihr zu erklären, dass das
Singen in einer Viertelstunde zu Ende sei, dann käme das
Mädchen. »Nein! Jetzt sofort, ich bleibe hier stehen, bis sie
kommt!« Wütend stampft sie den Fuß auf den Boden. Die
Arme wird geholt und geht mit hängendem Kopf hinter der
Alten her, nur einige Häuser weiter. Dort haust eine bunte
Großfamilie mit wechselnder Belegschaft, Omas tauchen auf,
Onkel tauchen unter. Ioana lebt mittendrin, ihre Mutter ist
irgendwo in Frankreich, der Vater in Spanien. Keiner im Haus
kümmert sich wirklich um sie, dadurch ist sie ziemlich selbst-
ständig geworden. Als wir vor zwei Jahren ins Dorf kamen,

war sie eine der Ersten, die bei unserer Musikschule mitmachten. Sie ist jeden Tag bei uns, hat neue Freunde gefunden und geht wieder öfter zur Schule. Wir sind für sie Familie geworden, wo sie festen Halt findet und Neues entdeckt, das sie begeistert. Ioana verdankt ihrer Familie, dass sie ein Zuhause und zu essen hat. Sie will aber auch zu uns, wo sie eine Zukunft findet. Das macht ihr Probleme. Wo gehört sie hin?

»Wenn ihr von der Welt stammen würdet, würde die Welt euch als ihr Eigentum lieben.« So drückt Jesus einen solchen Konflikt aus. Die Welt, von der Jesus hier spricht, ist das Judentum. Es ist die Welt, in der er selbst aufgewachsen ist, die ihn stark gemacht hat, die sein Denken und seinen Glauben bestimmt. Von dieser Welt trennt er sich, um eine eigene Welt aufzubauen, dazu sucht er Schüler und Mitarbeiter. Das neue Werk wird seine Herkunft nicht auslöschen, sondern soll Menschen einladen, sich für andere einzusetzen. Jesus macht seinen Schülern klar, dass die neue Gründung zu Spannungen führen muss. Sie können die Konflikte nur überwinden, wenn sie wissen, wo sie hingehören. Aus dieser Geborgenheit schöpfen sie Kraft, in die Welt hinauszugehen.

In dem Spannungsfeld von alten und neuen Welten stecken wir alle. Oft stehen sich die Herkunfts- und eine neu gegründete Familie gegenüber. Jedes junge Paar kennt das schwierige Verhältnis zwischen der Familie der Eltern und seiner neuen Familie. Nicht zufällig trägt ein Kaktus mit großen Stacheln den Namen Schwiegermuttersitz. Wenn aber die Jungen sich für ihre Zusammengehörigkeit entscheiden, dann lernen sie, mit beiden Familien umzugehen; aus der ersten Kraft zu schöpfen und diese Liebe in die neue einzubringen.

Ioana möchte zu uns gehören. Noch aber ist sie hin- und hergerissen.

Aus welcher Welt stamme ich? Woher schöpfe ich meine Kraft? Wo gehöre ich heute dazu?

Die Minderheiten und der Hass

Wo bin ich in Kontakt mit Menschen am Rande
meiner Gesellschaft? Komme ich ihnen in
Freundschaft nahe?

Dominik Markl

....

*Aber weil ihr nicht von der Welt stammt, sondern weil ich euch
aus der Welt erwählt habe, darum hasst euch die Welt.*

JOHANNES 15,19

»Zigeuner« ist eines jener faszinierenden Wörter, deren Wurzeln in der Tiefe der Geschichte begraben liegen und deren Ursprung wir nur tastend erahnen können. Vermutlich stammt es vom griechischen Wort *athinganoi*, das eine gnostische Sekte bezeichnete; vielleicht aber vom persischen *ciganch*, »Musiker, Tänzer«; oder aber vom türkischen *čigan*, »arm«. Das Wort »Zigeuner« ist von einer langen Geschichte der Diffamierung belastet, weshalb der Zentralrat der deutschen Sinti und Roma es grundsätzlich als diskriminierend ablehnt. Dagegen weist der Journalist Rolf Bauerdick darauf hin, dass es viele Menschen gibt, die sich selbst als Zigeuner bezeichnen und auch so genannt werden möchten. Und wer schon erlebt hat, wie ein Liebeslied in immer schnellerem Rhythmus und Tanz mit funkelnden Augen »meine Zigeunerin« besingt, erahnt den beherzten Stolz, der diesem Wort innewohnen kann. Das Problem liegt freilich nicht im Wort an sich, das durch eine oberflächliche politische Korrektheit bereinigt werden könnte, sondern in der abgründigen Verachtung oder gar dem Hass, dem viele dieser Menschen bis heute ausgesetzt sind.

Der Hass gegen Menschen, die als Minderheit in einer dominanten Kultur leben, ist schon aus biblischen Zeiten bekannt. Das Esterbuch erzählt vom persischen Beamten Haman im 5. vorchristlichen Jahrhundert, der alle Juden im Großreich des persischen Königs Ahasveros vernichten will. Obwohl die Estererzählung kein historischer Tatsachenbericht ist, spiegelt sie die Gefährdung von Juden mit ihrer kulturellen Tradition und ihrer Weigerung, am Herrscherkult teilzunehmen – eine Gefahr, die in hellenistischer Zeit tatsächlich virulent wurde. Auch die Anhänger des »neuen Weges«, wie das Christentum ursprünglich genannt wurde, erlebten sich als kleine Minderheit von der »Welt« gehasst, wie das Johannesevangelium bezeugt. Zahllose Christen ließen als Märtyrer ihr Leben. Dennoch – als Christen selbst zur Mehrheit geworden waren, wurden ihnen Ketzer oder Juden zu unliebsamen Minderheiten, die sie quer durch Europa jagten und ermordeten. Als sich im 19. Jahrhundert Mehrheiten vor allem durch die Volks- und Rassenideologie in Nationalstaaten zu definieren begannen, führte dies zur größten Verfolgung von Minderheiten in der Geschichte.

Der Minderheitenhass funktioniert beinahe so zuverlässig wie ein soziologisches Naturgesetz. Dies auszunützen und ein Mehrheits-Wir gegen andere auszuspielen, ist der schäbigste Trick, dessen Politiker sich schuldig machen können. Ein Trick, der auch in Österreich regelmäßig von Wahlplakaten grinst. Der Minderheitenhass lauert wie eine dämonische Gefahr in allen dominanten Kulturen. Er lässt sich nicht durch verfassungsrechtlichen Minderheitenschutz und politische Korrektheit allein bezwingen, sondern nur durch das Engagement und die politische Verantwortung jeder Bürgerin und jedes Bürgers. Wo bin ich in Kontakt mit Menschen am Rande meiner Gesellschaft? Komme ich ihnen in Freundschaft nahe?

Beispielhaft

Dienen ist ein starkes Zeichen der Größe.
Es ist das Fundament jeder Herrschaft.
Wo lege ich Hand an?

Josef Steiner

....

Denkt an das Wort, das ich euch gesagt habe:
Der Sklave ist nicht größer als sein Herr.

JOHANNES 15,20

Von Rabbi Mosche Löb hieß es, dass er trotz fortschreiten-
der Krankheit und Entkräftung jede Nacht um Mitternacht aufstehe und wie kein anderer das Nachtgebet – die
Klage um das verlorene Jerusalem – zu beten verstehe. Ein
Schüler des Rabbi versteckte sich einmal vor seinem Haus.
Um Mitternacht sah er, wie Rabbi Löb aufstand, Arbeitsklei-
der anzog, ein Bündel Holz aus dem Keller holte und damit
im klirrenden Frost der Winternacht an das Ende der Stadt
zu einer armseligen Hütte ging. Der Schüler schlich sich an
das einzige Fenster und sah eine leere Stube, einen erlosche-
nen Ofen und auf einem Bett eine Frau liegend, die mit trost-
loser Gebärde ihr neugeborenes Kind an die Brust presste. Er
hörte, wie der Rabbi zur Frau sprach: »Ich habe ein wenig
Holz zu verkaufen und mag damit nicht weitergehen. Willst
du es mir um einen geringen Preis abnehmen?« Auf den Ein-
wurf der Frau, dass kein Heller im Haus sei, erwiderte er:
»Das Geld will ich mir ein anderes Mal holen, nimm nur das
Holz.« Die Frau widersprach ein zweites Mal: »Was soll ich
mit dem Holz? Ich habe nichts, um es zu zerhacken und zu
zerkleinern.« Da ging der Rabbi vor die Tür, zog ein Beil

heraus und begann das Holz zu zerhacken. Und während er Holz hackte, hörte der Schüler ihn beten: »Erwache, vom Staub erhebe dich, geplagtes und gepeinigtes Jerusalem!« Dann trug der Rabbi das Holz in die Stube, heizte den Ofen an und betete dabei: »Du wirst dich Zions erbarmen, die Mauern Jerusalems wirst du wieder aufbauen.« Dann verließ er die Stube und ging eilends nach Hause. Und der Schüler, der später berühmt gewordene Rabbi Hirsch von Zudoczow, wusste nun um das Geheimnis der Größe seines Lehrers und um das Fundament seines Betens.

Selbst Hand anlegen, das ist auch eine Stärke Jesu. Einmal tat er dies auf eine ganz intensive und für die Seinen unvergessliche Weise: als er vor dem letzten gemeinsamen Mahl Wasser in ein Becken schüttet und seinen engsten Mitarbeiterinnen und Mitarbeitern die Füße reinigt und massiert. Mit dieser Geste macht Jesus ihre Füße stark; sie sollen »gut zu Fuß sein« für den weiteren Weg, den sie jetzt ohne ihn gehen müssen. Und er legt den Seinen ans Herz, seinem Beispiel zu folgen. So wie er, ihr Herr und Meister, nicht gekommen ist, sich bedienen zu lassen, sondern um zu dienen, gelte das auch für sie. Daran erinnert er sie vor seinem endgültigen Abschied. »Denkt an das Wort, das ich euch gesagt habe: Der Sklave ist nicht größer als sein Herr.« Kein Wort unterwürfiger oder entmündigender Sklavenmoral, sondern die Einladung, sich immer an »seinem Herrn« ein Beispiel zu nehmen.

Jesus und der Rabbi Löb haben den Menschen das Leben erleichtert und sie für den nächsten Schritt gestärkt. Dienen ist ein starkes Zeichen der Größe. Es ist das Fundament jeder Herrschaft. Wo lege ich Hand an?

Woher kommt die Kraft?

Es stärkt und ermutigt,
wenn ich den kenne, der mich sendet.

Ruth Zenkert

....

Das alles werden sie euch um meines Namens willen antun;
denn sie kennen den nicht, der mich gesandt hat.
JOHANNES 15,21

Es zieht in den Oberschenkeln, der Atem wird kurz, mein
Pulsmesser zeigt 180. Es gießt in Strömen. Nach der langen Winterpause bin ich nicht gerade gut trainiert. Ich muss
alle Kräfte aufbringen, damit ich die steile Strecke schaffe,
dann wird es wieder eben. Nur nicht gehen oder gar stehen
bleiben. Es ist ein »Sozialmarathon«, bei dem ich mitmache:
Die Teilnehmer/innen laufen Kilometer für ein Sozialprojekt, und jeder Schritt bringt eine Spende ein. Natürlich laufe
ich für die Kinder im Elijah-Projekt.

Bei jedem Anzeichen von Müdigkeit spornen mich im
Geist meine Schützlinge an. Ich denke an Florin, wie er jeden
Morgen Ovidiu auf der Lenkstange seines Rades zur Schule
fährt. Ohne ihn würde die überforderte Mutter den Buben
nicht zum Aufstehen und zum Lernen bringen. Ich denke an
Larisa in der Elijah-Musikschule, die schon wunderbar Querflöte spielt. Und an die Kinder in Ziegental, die sich waschen
können und lernen, und an ihre Mütter, die bald weben werden. Sie alle treiben mich an, mehr als die aufmunternd pfeifenden Zuschauer am Straßenrand. Sie lassen mich den Regen
und die Widerstände überwinden, ja, es macht direkt Vergnügen, für sie zu laufen. Dazu kommt noch mein Ehrgeiz:

Neben mir läuft eine etwas ältere Frau im roten Regenmantel – vor ihr möchte ich ins Ziel gelangen. Geschafft.

Wären nicht die Kinder gewesen, die mich »gesandt« hatten, wäre ich an diesem Tag sicher nicht zum Laufen gegangen. Doch ich kannte die, die mich gesandt hatten, daher kam ich ans Ziel. Schwierig wird es, wenn man den Sendenden nicht kennt oder nicht mag. Daher lebte Jesus zuerst mit allen, die er berufen hatte, in einer Gemeinschaft, sie lernten einander kennen und verstehen. Eine enge Freundschaft entstand. Daraus kam die Kraft für die Sendung. Er gab ihnen große Aufgaben: Sie sollten in seinem Namen Gemeinden gründen und sich für Gerechtigkeit einsetzen. Sie würden auch auf Widerstand stoßen, sagte er ihnen, weil es Leute gäbe, die ihn nicht kannten oder mochten. Wenn sie jedoch den Grund der Ablehnung wüssten, würden sie vieles aushalten. Wie Jesus selbst, der wusste, dass er vom Vater gesandt war. So konnte er alle Mauern überwinden und viele auf seinen Weg einladen.

Siebenhundert Jahre zuvor hatte Elijah eine Prophetenschule gegründet. Seine mutige Lebensweise lockte viele an. Ihm gelang es, eine tiefe Freundschaft zu seinen Schülern aufzubauen. So konnte er ihnen die schwierigsten Aufgaben anvertrauen.

Es stärkt und ermutigt, wenn ich den kenne, der mich sendet. Dann verstehe ich, wohin ich laufen muss, und überwinde die Hindernisse. Wenn ich selbst nicht motiviert bin, kann es mir helfen, mich in meinen Vorgesetzten hineinzudenken, um zu verstehen, wozu er mich braucht. Andererseits öffnet es die Augen, zu wissen, dass manche den, der mich sendet, nicht mögen. Dass sie nicht wissen, wer mich motiviert. Wenn ich erzähle, wer oder was mich entflammt hat, kann ich vielleicht sogar Gegner für mein Ziel gewinnen.

Wissen verpflichtet

Bildung ist eine Frage der persönlichen Motivation.
Welche Fragen faszinieren mich?
Wer fordert mich geistig heraus?

Dominik Markl

....

*Wenn ich nicht gekommen wäre und nicht zu ihnen
gesprochen hätte, wären sie ohne Sünde; jetzt aber haben
sie keine Entschuldigung für ihre Sünde.*

JOHANNES 15,22

Am 4. Juni 1938 musste Sigmund Freud Österreich verlassen, sodass die geistigen Schätze seines Arbeitszimmers heute in 20 Maresfield Gardens im Londoner Stadtteil Hampstead zu bestaunen sind – und nicht in der Wiener Berggasse. Ludwig Wittgenstein, der während des Ersten Weltkrieges als Österreicher den *Tractatus logico-philosophicus* erarbeitet hatte, eines der einflussreichsten philosophischen Werke des 20. Jahrhunderts, starb 1951 als britischer Staatsbürger. Karl Popper, geboren 1902 in Wien, starb 1994 als Sir in London. Österreich darf sich noch seiner Asche am Lainzer Friedhof am Küniglberg rühmen. Freilich, der Verlust enormer Geistesgrößen ist nicht der traurigste Aspekt der österreichisch-nationalsozialistischen Geschichte. Auch in deren schlimmsten Konsequenzen zeigt sich, wie sich der Nationalsozialismus systematisch gegen die geistige Freiheit und gegen grundlegende menschliche Einsichten richtete. Hermann Broch, Egon Friedell, Joseph Roth ... Die Anzahl der kreativen Geister, die Österreich verloren hat, ist kaum abzuschätzen.

Warum bringen ausgerechnet jüdische Familien überdurchschnittlich viele Geistesgrößen hervor? Freilich, es gibt soziologische Gründe, wie etwa die Notwendigkeit, sich als Minderheit am Rande von Gesellschaften zu behaupten – eine Situation, die europäische Juden über Jahrhunderte zu außergewöhnlichen Leistungen motiviert hat. Doch ist einer der Gründe genuin religiös-kulturell, und vielleicht ist dies der wichtigste. Das Judentum basiert auf einer Kultur des Lehrens und Lernens, die im mosaischen Gesetz zugrunde gelegt wird. Mose beauftragt sein Volk am letzten Tag seines Lebens, die göttliche Weisheit, die er am Sinai empfangen hat, in jeder Generation von klein auf zu lehren – ein Lernen, das kritische Fragen und erklärende Antworten involviert. Die Motivation war groß. Denn schon Mose hatte die größten Katastrophen des Volkes vorhergesagt und gelehrt, was zu Leben und Segen führt: »Der Gerechtigkeit, der Gerechtigkeit jage nach!« Im selben Geist waren die Schüler Jesu überzeugt: Wer Jesus getroffen hat, den größten Lehrer ihrer Zeit, kann sich seiner ethischen Verantwortung nicht entziehen. Heute würden wir sagen: Seit Professor Freuds Publikationen kann niemand mehr behaupten, nicht zu wissen, dass wir Traumata der Vergangenheit verdrängen und neurotisch ausleben.

Nachdem im Wesentlichen die Kirche im Mittelalter das geistige Leben Europas getragen hatte, wurde ihr Verhältnis zur Wissenschaft in der Neuzeit skeptisch. Heute kann sie nur bestehen, wenn sie die Lernfreudigkeit ihrer biblischen Wurzeln wieder entdeckt. Noch mehr hat der Staat die Verantwortung, die Universitäten als Orte der geistigen Kreativität intensiv zu fördern. Doch ist Bildung letztlich eine Frage der persönlichen Motivation. Welche Fragen faszinieren mich? Wer fordert mich geistig heraus?

Werke zwingen zur Stellungnahme

Welche Werke führen zu Aufregung und zu
Diskussionen? Arg wäre nur die Gleichgültigkeit.

Georg Sporschill

....

Wenn ich bei ihnen nicht die Werke vollbracht hätte,
die kein anderer vollbracht hat, wären sie ohne Sünde.
Jetzt aber haben sie (die Werke) gesehen und doch hassen
sie mich und meinen Vater.
JOHANNES 15,24

In vielen Dörfern Rumäniens entstehen neben den orthodoxen Kirchen neue Gebetshäuser. Evangelikale Gruppen
bauen sie, meist finanziert von amerikanischen Sponsoren.
Dorthin strömt vor allem die Roma-Bevölkerung, Frauen
und Kinder. Weniger die Männer, weil zu den Regeln der
Freikirche das Alkoholverbot gehört. Bei uns in Ziegental
dürfen die Leute einmal in der Woche bei den *Pocaiti* – wörtlich heißt das: die Bekehrten – eine große Cola-Flasche mit
Milch füllen. So machen auch die Bauern im Dorf ein kleines
Geschäft. Nach dem wöchentlichen Gottesdienst gibt es ein
warmes Essen für alle Teilnehmer. Aus Hilfslieferungen
bekommen die Leute manchmal Kleider und Lebensmittel.
Manche rümpfen die Nase, weil die Freikirche mit materiel-
len Anreizen Christen »mache«. Der orthodoxe Pfarrer hasst
die Pocaiti, weil jetzt keine Jugendlichen mehr in seine
Gemeinde kommen. Tatsache aber ist, dass die Großkirchen,
vor allem die orthodoxe Kirche, der Platzhirsch am Ort, die
Roma nicht schätzen, um es milde auszudrücken. Die
Freikirche hingegen heißt sie als Mitglieder ihrer Gemein-

schaft willkommen. Wahrscheinlich ist es noch mehr diese Wertschätzung als die materielle Zuwendung, die den Zulauf zur neuen Kirche am Rande des Dorfes verständlich macht.

Ein evangelischer Pfarrer, der in seiner sächsischen Gemeinde allein zurückgeblieben ist, meinte resigniert, dass diese Leute als Einzige die Bibel ernst nehmen. Sie vollbringen die Werke der Gerechtigkeit.

Als Jesus am Ende seines Lebens für seine Schüler sein Programm formuliert, spricht er nur von den Werken der Gerechtigkeit. Er hat sie getan, jeder konnte es sehen, und für die Zukunft sind alle eingeladen, es ihm gleichzutun: den Hunger und den Durst der Menschen zu stillen, ihnen Liebe zu geben. Die Obdachlosen aufzunehmen und die Nackten zu bekleiden, ihnen Lebensraum und Würde zuzugestehen. Die Kranken und die Gefangenen zu besuchen und gerade am Rand der Gesellschaft die Werke der Gerechtigkeit zu tun.

Nicht die schwärmerischen Gebete, das puritanische Alkoholverbot sind es, was die Freikirchen für die Großkirchen so gefährlich macht, sondern die einfache Tatsache, dass sie etwas für die Menschen tun. Die Werke der Gerechtigkeit unterscheiden die religiösen Gruppen und genauso die politischen Parteien in den verarmten Dörfern, aus denen die Sachsen ausgewandert sind.

Werke der Gerechtigkeit provozieren mehr als Worte. Sie zwingen zur Stellungnahme.

Vielleicht erklärt das auch, warum das Thema der Migration bei manchen Menschen so starke Emotion weckt, die Jesus ausdrücklich benennt: »Sie hassen.«

Welche Werke führen zu Aufregung und zu Diskussionen? Arg wäre nur die Gleichgültigkeit, wenn die Werke übersehen werden würden.

Die unterschiedlichen Welten

Eine Spannung bis hin zum Hass zu spüren kann
Voraussetzung für eine Freundschaft sein.

Ruth Zenkert

....

Aber das Wort sollte sich erfüllen, das in ihrem Gesetz steht:
Ohne Grund haben sie mich gehasst.
JOHANNES 15,25

Kale, auf Deutsch »der Schwarze«, der Sohn unserer Nachbarsfamilie, überbrachte mir eine Einladung seines Vaters. Sie sind Roma und haben es zu etwas gebracht. Sie haben ein Haus, einen Gemüsegarten und ein Schwein. Das sollte heute geschlachtet werden, und wir neuen Nachbarn sollten dabei sein. Die Jugendlichen aus Österreich gingen neugierig mit, ich wollte später kurz vorbeischauen, da ich noch einiges zu tun hatte. Nein, ich müsse sofort kommen. Gerade wurde das schwarze Schwein quiekend ins Freie gezerrt. Schon zückte der Vater das Messer, und das Blut floss über die Hofsteine in den Graben vor dem Haus. Die Ausländer schluckten, so etwas hatten sie noch nie gesehen. Dann wurde das Schwein in Stroh eingepackt und angezündet. Das gibt ihm die knusprige Haut, erklärte Kale. Die Kinder sprangen um das brennende Tier, Schnaps wurde ausgeschenkt, in Wassergläsern. Ich nahm das angebotene Glas und schüttete die Hälfte unauffällig ins Gras. Das angesengte Schweinsohr wurde abgeschnitten und als Spezialität angeboten. Nun war ich doch froh um den halben Schnaps, der noch im Glas war, und so biss ich in mein Schweinsohr. Schon wurde die nächste Köstlichkeit serviert: Schweinehaut, mit möglichst viel Fett, direkt heruntergeschnitten. Da sich die Kinder darum stritten, wurde ich meinen Streifen schnell los. Dann ging es mit den rohen Innereien weiter, wir wurden bestens versorgt. Mich sollte retten, dass ich gehen musste. Ein Besucher hatte sich angemeldet, sicher wartete er schon vor unserer Hoftüre. Ich ging zu Kale und wollte mich dankend verabschieden. Er sagte streng: Du kannst meinem Vater die Einladung nicht abschlagen. Wer mitten in der Feier geht, beleidigt den Hausherrn. Während die einen noch am Schwein werkten, begann der Tanz. Die Mädchen holten rote Röcke für uns und versuchten vergebens, uns ihren Hüftschwung beizubringen. Es floss viel Hauswein, und es wurde Mitternacht, bis wir nach Hause gingen. Eine Freundschaft war entstanden.

An diesem langen Tag hatte ich viel von den Roma gelernt. Sie erzählten von ihrer Familie, vom Leben im Dorf, und ich versuchte ein paar Worte in ihrer Sprache zu sprechen. Wir sind gute Nachbarn geworden, auch wenn wir sehr unterschiedlich leben und »andere Gesetze« haben. Kale braucht vielleicht ebenso manchmal einen Schnaps, um zu verdauen, was wir ihm anbieten.

Dass Weggefährten andere Gesetze haben, erlebt auch Jesus. Er sieht seine Freunde, die – wie er – nach dem Gesetz des Mose leben. Gleichzeitig spürt er, dass seine Aufgabe ein anderes Gesetz verlangt. Sein Auftrag ist es, den Glauben an den Einen Gott über Israel hinaus an die Völker weiterzugeben. Dafür muss er Grenzen überschreiten und geheiligte Regeln brechen. Er sucht Freunde, die mit ihm diesen unerhörten Schritt tun. Jesu Gesetz steht jetzt dem jüdischen Gesetz gegenüber. Mit Verständnis dafür sagt Jesus: »Ohne Grund« haben sie mich gehasst. Sie verstehen sein neues Gesetz nicht. Die unterschiedlichen Welten zu sehen und die Spannung bis hin zum Hass zu spüren, kann Voraussetzung für eine Freundschaft sein.

Vorbereitung auf den *worst case*

Bindung und Ziel: Zu wem gehöre ich?
Was wollen wir gemeinsam?

Georg Sporschill

....

Das habe ich euch gesagt, damit ihr keinen Anstoß nehmt.
Sie werden euch aus der Synagoge ausstoßen,
ja es kommt die Stunde, in der jeder, der euch tötet,
meint, Gott einen heiligen Dienst zu leisten.

JOHANNES 16,1f.

Bald nach der rumänischen Revolution von 1989 wurde ich zu den Straßenkindern nach Bukarest geschickt. Als 1993 Franz Fuchs seine Briefbomben an Menschen verschickte, die sich für Ausländer einsetzten, bekam auch ich einen solchen Brief, mit all den bekannten Merkmalen. Es war nur eine Attrappe. Für mich blieb allerdings die Botschaft: Wenn ich mich für Randgruppen einsetze, mache ich mir auch Feinde.

Inzwischen lebe ich mitten unter den Roma-Familien in Ziegental. Unsere Mitarbeitergemeinschaft ist klein, umso mehr setze ich auf jeden Einzelnen. Die Leute in der trostlosen Roma-Siedlung blühen auf, viele arbeiten mit, die Kinder kommen ins Sozialzentrum und lernen, sie toben sich aus auf dem bunten Spielplatz. Die Stimmen der alten Rumänen im Dorf sind kritisch. Manche sind neidisch, weil jetzt die »schmutzigen Zigeuner« stark werden und Selbstbewusstsein zeigen. »Wer zum Teufel hat diese Leute hierher gebracht? Unser Dorf ist verflucht, die Zigeuner werden immer mehr hier, sie ziehen sie an«, schimpfen sie. Hätte man keine guten Nerven, würde man seine Sachen packen und gehen.

Aber die Probleme kommen nicht nur von außen. Eines Tages begann Viorel, unruhig zu werden. Er war vor Jahren als kleiner Bub von der Straße zu uns ins Kinderhaus in Bukarest gekommen. Nach der Schule fand er keinen Arbeitsplatz, weil er sehbehindert ist und sich überall schwertut. So nahmen wir ihn zu uns. Nun begann er, schlechte Stimmung zu machen, kam zu spät zur Arbeit, war drei Tage verschwunden. Ich hörte, dass er mehr Geld, eine andere Aufgabe, nicht mehr in unserer Gemeinschaft leben wolle. Es gelang ihm, auch die anderen Mitarbeiter in unserer Gruppe so zu beeinflussen, dass sie plötzlich unzufrieden wurden und nicht mehr mitmachen wollten. Wollten alle gehen? Mussten wir unser Experiment der Lebensgemeinschaft mit Roma in Ziegental aufgeben oder wieder von vorne beginnen? Hätte ich mich nicht an die Briefbombe erinnert, die mir sagte: Pass auf!, hätte ich vielleicht aufgegeben. Wir besprachen unsere Konflikte, Viorel ging und versucht sein Glück allein, die anderen sind geblieben. Vielleicht kommt auch er zurück.

Kann man jemanden auf den *worst case* vorbereiten? Jesus tut es mit seinen Schülern. Er sagt ihnen voraus, dass die eigenen Leute sie ausschließen werden, sie, die Juden, aus der Synagoge. Und später wird es noch ärger kommen: »Es kommt die Stunde, in der jeder, der euch tötet, meint, Gott einen heiligen Dienst zu leisten.« Die heidnischen Machthaber, die über Tod und Leben zu richten haben, werden sie aus Überzeugung ausrotten. Jesus bereitet die Jünger auf den *worst case* vor. Sie sollen nicht vergessen, wie es ihm, dem Gründer und Freund, ergangen ist. Wie es am Anfang war. Retten kann man sich im *worst case* mit der Überlegung: Zu wem gehöre ich, und wozu bin ich da? Was wollen wir gemeinsam?

Schreihals oder Verkünder?

Neugier und ein Schritt hin zum Fremden
können Aggressionen abbauen.

Ruth Zenkert

....

Das werden sie tun, weil sie weder
den Vater noch mich erkannt haben.

JOHANNES 16,3

Die Ferien im Sommerlager gingen zu Ende. Alle packten
ihre Rucksäcke und fuhren von der Türkei zurück nach
Rumänien. Nur Moise und Iulian durften länger bleiben. Mit
ihnen machten wir uns auf Richtung Osten. Wir landeten in
Eğirdir, einem malerischen kleinen Städtchen an einem dun-
kelblauen See. Wir fanden eine Unterkunft, wo wir mit unseren Schlafsäcken auf dem Dach schlafen konnten. Ein herrlicher Ausblick, kühle Bergluft am Abend, frische Fische – es
war paradiesisch. Müde von der Reise gingen wir früh schlafen. Um drei in der Nacht erwachte ich von einem Trommeln, das immer lauter wurde. Ich schaute hinunter auf die
Gassen und entdeckte einen Mann, der auf einer großen
Trommel kunstvolle Rhythmen schlug. Er ging an allen Häu-
sern vorbei, dann war Stille. Nicht lange, denn jetzt begann
der Muezzin zu beten. Die Lautsprecher der Moschee waren
direkt auf unser Dach gerichtet. Nun waren alle wach. Moise
und Iulian überboten sich gegenseitig in Schimpftiraden
über den »verrückten Trommler und den Schreihals«, die
ihren wertvollen Schlaf gestört hatten. Zum Frühstück
kamen sie spät, sie mussten ausschlafen nach dieser unruhigen Nacht. Zu Mittag saßen meine beiden Begleiter am

Haustor. Sie hatten gepackt und wollten keine weitere Stunde mehr im »Land der Muselmanen« verbringen.

Es war Ramadan, der Fastenmonat. In dieser Zeit weckt der Trommler – ein Roma – alle auf, damit sie vor Sonnenaufgang, solange es noch erlaubt ist, etwas essen und dann zum Gebet in die Moschee kommen. Es gelang mir, Moise und Iulian zu überzeugen, in der kommenden Nacht aufzustehen und zu beobachten, wie unsere Nachbarschaft in die Moschee strömte. Als der Trommler in der Nacht zu hören war, quälten wir uns aus den Schlafsäcken und gingen ihm nach. Vor der Moschee waren schon viele Männer in festlichen weißen Gewändern versammelt. An vielen Wasserhähnen nahmen sie die rituellen Waschungen vor. Der Muezzin begann zu rufen. Durch das Tor konnten wir sehen, wie sich die Männer verbeugten, niederknieten, aufstanden, niederknieten, die Hand ans Ohr legten, murmelten. Auch wenn wir nichts verstanden, waren wir mit den Gläubigen wie in eine Wolke eingehüllt. Es wurde langsam hell, das Gebet war zu Ende. Draußen fragten uns einige, aus welchem Land wir kämen. Sie freuten sich sehr über unser Interesse an der Religion und luden uns zu ihren Familien ein. Moise und Iulian waren die Ersten, die mitgingen. Keine Rede mehr von Abreise.

Viele Zeitgenossen verstanden das Anliegen Jesu nicht. Er wollte die Fremden aufwerten und zu Mitarbeitern Gottes machen. Dadurch sahen die religiösen Autoritäten ihre Macht gefährdet, sie wurden immer aggressiver gegen ihn. Jesus hatte Verständnis dafür und erklärte seinen Schülern: »Das werden sie tun, weil sie weder den Vater noch mich erkannt haben.« Wer einen neuen Weg geht, stößt auf Ablehnung. Neugier und ein Schritt hin zum Fremden können Aggressionen abbauen. Als Moise und Iulian mit den Gastgebern ins Gespräch kamen, wurde aus dem, den sie vorher als Schreihals gesehen hatten, ein Verkünder.

Momente, in denen sich
Beziehungen vertiefen

Die Qualität des Abschieds. Wo musste ich
weggehen? Wer hat mich verlassen?

Georg Sporschill

....

Euer Herz ist von Trauer erfüllt, weil ich euch das gesagt habe.
Doch ich sage euch die Wahrheit: Es ist gut für euch, dass ich fortgehe.
JOHANNES 16,6f.

Fieber, Schmerzen in den Eingeweiden, faulige Geschwüre
an den Schamteilen, aus denen Würmer krochen, Atem-
not: Es waren die untrüglichen Anzeichen, dass er bald sterben werde. »Ich weiß, dass sie meinen Tod wie ein Freuden-
fest feiern werden. Doch es sollen mir schon andere dazu
verhelfen, dass ich betrauert werde und ein glänzendes Lei-
chenbegräbnis erhalte.« So schildert der jüdisch-römische
Schriftsteller Flavius Josephus die letzten Gedanken Herodes' des Großen. Als Idumäer, als Mischling, war er von den
Juden nicht anerkannt und kämpfte um ihre Gunst, indem er
ihnen den prächtigsten Tempel baute. Gleichzeitig wollte er
auch den Römern imponieren mit repräsentativen Bauten:
Burgen und Paläste, Aquädukte und Hafenanlagen zeugen
noch heute von seiner Leistung. Herodes wurde einer der
bedeutendsten jüdischen Herrscher, allerdings mit grausa-
men Methoden. Selbst in der eigenen Familie war er nicht
zimperlich. Seine Söhne schickte er in den Tod, aus Angst,
sie könnten ihn vom Thron stoßen. Seine Frau ließ er
umbringen und fiel dann in Depression, weil er seine Liebste
verloren hatte. »In seinem Familienleben traf ihn Unglück

über Unglück«, schreibt Flavius Josephus. Fünf Tage nachdem er seinen ältesten Sohn Antipater hatte töten lassen, starb Herodes, wissend, dass er beim ganzen Volk verhasst war. Wer sollte um diesen Menschen noch trauern?

So hatte er noch einen fatalen Plan gefasst: Er ließ die angesehensten Männer aus Judäa zusammenholen und im Hippodrom einschließen. Seine Schwester Salome bekam den Auftrag, sofort nach seinem Tod die Juden niedermetzeln zu lassen, damit – zu seinem Staatsbegräbnis – das ganze Land und jede Familie trauere. Doch bevor das Heer vom Tod des Herrschers erfuhr, ging seine mutige Schwester Salome zum Hippodrom und ließ verlauten, der König habe es sich anders überlegt und die Männer seien wieder frei. Keiner trauerte.

Ein Abschied, der nicht traurig ist, ist schrecklich. Auch Herodes hatte sich beim Abschied die Nähe und Gefühle seiner Angehörigen gewünscht, wollte sie erzwingen. »Selig die Trauernden, sie werden getröstet werden«, sagt Jesus in der Bergpredigt. Trauer ist ein Geschenk. Sie ist der Prozess, der zum Trost führt, zu neuem und vertieftem Leben. Die Trauerarbeit beginnt mit dem Annehmen des Schmerzes, den ein Abschied bringt. Das Leben ist ein Sich-Üben im Abschiednehmen, eine Vorbereitung in das Unausweichliche. Der Abschied ist in jede Beziehung eingebaut. Eltern müssen ihre Kinder freigeben, Lehrerinnen und Lehrer werden verlassen nach Jahren, in denen sie alles für die Kinder gegeben haben. Wer liebt, bindet sich und leidet, wenn der andere weggeht, weggehen muss. Auch wenn er um dieses Ziel weiß. König Herodes musste am Ende seines Lebens feststellen, dass er nicht geliebt hatte. Und so trauerte auch keiner um ihn.

Wo musste ich weggehen? Wer hat mich verlassen? Welcher Abschied hat mich traurig gemacht?

Diese Momente sind ein verlässliches Zeichen, dass eine tiefere Erkenntnis sich eröffnet.

Von der Heiligkeit des Rechts

Im Konfliktfall kommt es auf Weisheit an.
Was hilft mir, geistvolle Lösungen zu finden?

Dominik Markl

....

Und wenn er kommt, wird er die Welt aufklären
über Sünde, Gerechtigkeit und Gericht.
JOHANNES 16,8

Eine professionelle Gangsterbande hatte mich in Tansanias
Küstenstadt Dar-es-Salam gekidnappt, ausgeraubt und
wieder freigelassen, und ich war froh, noch bei guter Gesund-
heit zu sein. Einheimische Kollegen rieten mir, ich solle nicht
Anzeige erstatten. Eine solche könnte mich durchaus gefähr-
den, da die Netzwerke der Verbrecher bis in die Reihen der
Exekutive hineinreichten. Die Episode machte mir plastisch
begreiflich, warum Tansanier lieber keine Sache zur Polizei
oder vor Gericht bringen. Die Korruption des Rechtswesens
lähmt die Wirtschaft. Das Land bröckelt sozial vor sich hin.
Mein glimpflich ausgegangenes Abenteuer hat mir bewusst
gemacht, welch unbezahlbaren Wert ein funktionierender
Rechtsstaat darstellt. Seither sehe ich die Arbeit meiner
österreichischen Freunde, die als Anwälte, Notare, Richter
oder akademische Juristen arbeiten, mit noch größerem Res-
pekt. Sie investieren enorme Energie, um sich in die ihnen
anvertrauten Fälle hineinzudenken und zu einer verantwor-
tungsvollen Lösung beizutragen. Diese Kultur der Gewissen-
haftigkeit und eines Sinnes für Gerechtigkeit scheint eine der
wichtigsten Voraussetzungen für das Funktionieren des
Rechtssystems zu sein. Auch wenn der österreichische

Rechtstheoretiker Hans Kelsen eine systematische Trennung zwischen Fragen der Ethik und des Rechts forderte, beruht das praktische Funktionieren des Rechtsstaates auf ethischen Haltungen der ihn tragenden Personen. Das Problem brachte der Verfassungstheoretiker Ernst-Wolfgang Böckenförde mit seinem Diktum auf den Punkt, der Rechtsstaat könne die ethischen Fundamente, auf denen er ruht, nicht selbst garantieren.

Den hohen Wert einer funktionierenden rechtlichen Ordnung haben Hochkulturen seit vier Jahrtausenden zum Ausdruck gebracht. Recht und Gerechtigkeit wurden oft nahe am Heiligen, an der göttlichen Ordnung empfunden. Der babylonische König Hammurapi erklärt in seinem Kodex aus dem 18. vorchristlichen Jahrhundert, er sei von Göttern zur Gesetzgebung beauftragt, »damit der Starke den Schwachen nicht schädige«. Im Alten Testament setzt Mose Israels Richter ein und trägt ihnen auf: »Fürchtet niemanden, denn das Gericht gehört Gott.« Gott selbst ist Israels Gesetzgeber am Berg Sinai, der »große, mächtige und ehrfurchtgebietende Gott, der niemanden bevorzugt und keine Bestechung annimmt«. Die steinernen Gesetzestafeln der Zehn Gebote wurden noch in der Französischen Revolution, die eine klare Trennung von Staat und Kirche forderte, als Symbol für die Heiligkeit des Rechtsstaates hochgehalten. Den alttestamentlichen Gedanken, dass gute Rechtsentscheidungen wie das berühmte salomonische Urteil mit göttlicher Weisheit zu tun haben, führt Jesus in seinen Abschiedsreden weiter. Es sei der göttliche Geist, der letztlich Fragen der Gerechtigkeit kläre.

Alle ernsten Lebensfragen, seien sie rein ethisch oder formal juristisch, haben in christlicher Sicht eine spirituelle Dimension. Im Konfliktfall kommt es auf Weisheit an. Was hilft mir, geistvolle Lösungen zu finden?

Bleibende Selbstkritik

Sich Fehler und Irrwege einzugestehen ist schwierig.
Trotzdem wachsen gerade dadurch Persönlichkeit
und Liebenswürdigkeit. Welches Bewusstsein
von Sünde prägt mich heute?

Josef Steiner

....

Sünde: dass sie nicht an mich glauben.
JOHANNES 16,9

Mit hochroten Köpfen saßen wir – zwanzig Schülerinnen und Schüler der zweiten Klasse Volksschule – still in der kalten Kirche eines entlegenen Bergbauerndorfes. Alle mit einem Blatt Papier in der Hand, mit der Überschrift »Hilfe zur Gewissenserforschung«. Es galt, sich auf die Beichte vorzubereiten. Die Sünden zu den ersten Geboten waren bald gefunden: manchmal das Abend- und Morgengebet vergessen, in der Kirche oft geschwätzt, ab und zu geflucht und den Eltern nicht gefolgt. Standardsünden, immer vorrätig, kein Problem. Beim Gebot, nicht zu töten, war Gott sei Dank als Anregung zum Nachdenken auch Tierquälerei genannt. Ja, als Hüterbuben haben wir gerne die Zugänge zu den Wespennestern im Boden mit dürrem Gras verstopft, es dann angezündet und den hektisch gewordenen Viechern zugeschaut. Oder noch sadistischer: Fliegen mit einer Nadel durchstechen und ihnen dann einzeln die Füße ausreißen. Das war schon etwas, das man beichten konnte. Am schwierigsten aber war es beim sechsten Gebot. Unkeusches anschauen und berühren – was ist das? Die schriftliche Hilfe zur Gewissenserforschung blieb da nebulös. Sexualität war zu Hause absolut tabu; das Schlafzimmer der Eltern unzugänglich, herausgenommen und abgesondert von den übrigen Zimmern und Räumen des Hauses, geheimnisvoll. Einzig im Katalog des Kaufhauses Quelle, der bis in die entlegensten Bauernhöfe verschickt wurde, gab es eine Seite mit verschiedenfarbigen Büstenhaltern. Was sich dahinter verbarg, wussten wir nicht; aber es reizte zum Anschauen und Phantasieren. So fanden wir Schritt für Schritt entlang der Zehn Gebote einige Sünden, die man dem Pfarrer aufzählen konnte. Es war etwas mühsam, aber nicht so erschreckend und furchtbar, wie es oft erzählt wird. Nur als dann für mich im Internat der monatliche Beichtrhythmus der Volksschule durch den wöchentlichen Beichttermin ersetzt wurde, gestaltete sich die Gewissenserforschung immer schwieriger. Mich führte das zur fast genialen und befreienden Praxis, bei allen Geboten »nichts« zu sagen; nur beim achten bekannte ich, gelogen zu haben. Denn im Augenblick des Bekennens war das ja die Wirklichkeit. Kindersünden, sicher sehr individuell und moralisch, die aber nicht vergessen ließen, dass man nicht nur gut ist. Nicht die schlechteste Erziehung und Hinführung zu einem selbstkritischen Menschenbild.

Die Sicht der Bibel weitet den Blick. Sünden sind in ihrem Verständnis »Zustände, die Missstände sind«, so formuliert es ein großer Exeget. Und darum ist es eine der größten Sünden, nicht an der Aufdeckung und Beseitigung solcher Zustände zu arbeiten. Das meint Jesus mit seinem Wort: Sünde ist, mir nicht zu vertrauen. Sein Lebensprogramm war die Beseitigung von Missständen. Nicht durch Gewalt und Terror, sondern durch Mitfühlen und Arbeit. Dem zu wenig nachzukommen, ist die Sünde der Welt – und auch meine eigene. Die Sünden des Erwachsenen bekommen so eine andere Dimension als die Kindersünden.

Wenn man nicht hinschaut

Gerechtigkeit geschieht, wo es niemand erwartet.
Eine schöne Aufgabe ist es, sie zu entdecken.

Georg Sporschill

··

Gerechtigkeit: dass ich zum Vater gehe
und ihr mich nicht mehr seht.
JOHANNES 16,10

Dass Ioana nicht schlafen kann, verstehe ich gut. Sieben Kinder müssen jeden Tag satt werden. Wenn eine Mutter nicht weiß, woher sie am Morgen das Brot nehmen soll, ist sie unruhig. In den zwei Zimmern, die die Familie zu zehnt bewohnt, findet man keinen Krümel zu essen. Es gibt keine Küche, keine Vorratskammer, keinen Keller. Milu, der Vater, bringt jeden Tag aus dem Wald dünne Äste, zusammengeschnürt und auf die Schultern gepackt, damit Ioana den kleinen Ofen einheizen kann. Selten kann er, der Rom, als Tagelöhner auf dem Feld der Rumänen mitarbeiten. Heute konnte er bei der Ernte helfen und brachte einen Sack mit kleinen Kartoffeln nach Hause. Ioana macht Feuer, die Kinder tragen noch einige Holzstücke zusammen, damit es länger brennt. Die Kartoffeln werden auf die Ofenplatte gelegt. Ioana läuft zu ihrer Schwester hinüber: »Kommt, wir haben frische Kartoffeln!« Die kleine Hütte ist schon voller Kinder, alle schauen gebannt auf die Kartoffeln. Ein herrlicher Duft breitet sich aus. Viorel schickt seinen Buben Vasile nach Hause, er soll Salz holen. Vasile macht einen kleinen Umweg, er läuft hinauf zur letzten Hütte und klopft bei Sandu an. Sandu hütet Ziegen und hat heute Nacht eine verletzte nach Hause gebracht; eben hat er sie geschlachtet. Vasile schaut in die Hütte, da hängt das Fleisch, am Boden eine Blutlache. »Bring ein Stück mit, wir essen Kartoffeln bei Milu.« Schließlich sitzen alle Bewohner dieses scheinbar trostlosen Ghettos »77« in der und um die Hütte von Ioana und Milu. Es war ein wunderbares Fest, alle wurden satt. Wo werden sie morgen essen? Vielleicht bei Viorel.

Alle helfen zusammen, jeder gibt, was er hat. Auf diese Weise sorgen sie für Gerechtigkeit. Laut der Bibel ist es eine Grundeigenschaft Gottes, gerecht zu sein. Jesus weiß von seinem Ziehvater Josef, dass dieser seine Mutter Maria nicht weggeschickt hat, als er erfuhr, dass sie schwanger war. Josef gab ihr und dem Kind Schutz und Heimat. Er war ein Gerechter. Das biblische Wort »gerecht« beinhaltet mehr, als der moderne Begriff aussagt. Jesus beschreibt es konkret: Gerecht ist, wer den Hungrigen, Durstigen, Fremden und Obdachlosen, Nackten, Kranken, Gefangenen hilft (Matthäus 25,31f.). Der Gerechte setzt sich für die Schwachen und Armen ein, und zwar dann, wenn sie es brauchen, nicht nur, wenn sie es verdienen. Der Gerechte rechnet und berechnet nicht. Nach Jesu Fortgang werden seine Schüler, werden wir seinen Auftrag weiterführen und für Gerechtigkeit sorgen.

Gerechtigkeit ist etwas, das sich zeigt, wenn man nicht hinsieht. Kein Staat, keine Vorschrift, kein Sozialarbeiter könnten erreichen, was die Bewohner in Ziegental tun. Gerechtigkeit lässt sich nicht organisieren, nicht erzwingen, nicht verordnen. Sie geschieht. Auch die moderne »Corporate Social Responsibility« von Firmen, »unternehmerische Sozialverantwortung«, ist nur wirksam, wenn sie aus dem Herzen kommt, ohne Kalkül.

Gerechtigkeit geschieht, wo es niemand erwartet. Eine schöne Aufgabe ist es, sie zu entdecken.

Nicht schwarz-, sondern weißsehen

Wie beginne ich meinen Tag?
Was hilft mir, den Blick zu erheben?
Wofür kann ich heute danken?

Ruth Zenkert

....

Gericht: dass der Herrscher dieser Welt gerichtet ist.
JOHANNES 16,11

Fast jeden Tag finde ich im Briefkasten unter den Rechnungen ein buntes Kuvert. Moise hat wieder einmal aus dem Gefängnis geschrieben. Er hat viel Zeit, und seine Briefe sind lang. Er braucht Geld, auch für Briefmarken und Papier. Im Winter haben wir ihn besucht. Nach fünf Stunden Anreise standen wir ewig im überfüllten Wartesaal, wurden kontrolliert. Wachpersonal führte Moise zu uns, in blauer Anstaltskleidung. Wir setzten uns an einen Tisch in der Ecke. Er erzählte vom düsteren Alltag in der Zelle, wie kalt es sei, von Streit und Freundschaft mit den Zellengenossen. In der Nacht zuvor hatte sich einer erhängt. Noch zweieinhalb Jahre muss Moise absitzen. Obwohl er doch nur fünf Lei am Friedhof aufgehoben habe. Da sei eine Frau gekommen und habe ihn angezeigt. So seine Version. Bei Gericht sei er gezwungen worden, zu unterschreiben, was er gar nicht lesen konnte. Wir hatten Süßigkeiten mitgebracht. Moise ging zu dem dicken Wächter und fragte, ob er nicht doch eine Kleinigkeit essen dürfe. Der fuchtelte sofort mit seinem Funkgerät und brüllte: Das ist verboten! So bekommst du nie Bewährung! Aber Moises Verlangen war nicht zu bremsen, und irgendwie schafften wir es, dass er insgeheim und rasend schnell eine ganze Packung Mannerschnitten in den Mund stopfte. Die Krümel auf Moises Hemd interessierten den Wächter nicht, als er ihn nach der Besuchszeit wieder in Gewahrsam nahm. Noch einmal gingen wir durch Gittertüren, dann durch einen Keller, einen unendlich langen, weiß gekachelten Gang im Neonlicht, ohne Fenster. Bis wir an einem Gittertor standen und mit anderen Besuchern warteten und warteten. Ich musste tief durchatmen, um keine Panik zu bekommen. Dann waren wir wieder im Tageslicht, in Freiheit. Nicht Minuten, sondern Jahre warten Moise und seine Kameraden auf diesen Moment. Wissen wir zu schätzen, dass wir frei sind?

Vor mir liegt sein Brief. Im Kuvert sind viele kleine Briefe, die ich weitergeben soll, an Razvan und Larisa, Bogdan und Dragos, an viele Kinder im Dorf. Er malt die Kinder, wie sie Musik machen und lernen, wie wir Häuser bauen, wie wir im Herbst ernten, unsere Familien. In seiner Phantasie lebt er mit uns mit. Er dankt für unsere Freundschaft und malt sich aus, wie es sein wird, wenn er wiederkommt. Die guten Gedanken und Ideen von Moise aus der Zelle verändern mich. Ich sehe vieles lockerer und glaube an das Gute.

Wer den Tag positiv beginnt, hat schon gewonnen. Wer dankt, sieht, was er hat. Auch wenn Belastungen und Sorgen uns erdrücken, sehen wir einen Weg. Helfen kann der Blick auf »alles, was er mir Gutes getan hat« (Psalm 103). Jesus gibt uns die Sicherheit, dass letztlich das Gute siegt. Wenn er sagt, »dass der Herrscher dieser Welt gerichtet ist«, meint er, dass alles schon entschieden ist, zum Guten. Mit diesem positiven Blick bin ich motiviert, dem Unangenehmen in die Augen zu schauen und Dinge anzupacken.

Wie beginne ich meinen Tag? Was hilft mir, den Blick zu erheben? Wofür kann ich heute danken?

Von der Macht des Verschwiegenen

Es braucht den richtigen Zeitpunkt
und einen heilsamen Geist.

Dominik Markl

....

Noch vieles habe ich euch zu sagen,
aber ihr könnt es jetzt nicht tragen.
JOHANNES 16,12

Die Tante Meri ist im Grunde genommen eine liebe Person gewesen.« So beginnt der Ferdl nachzudenken. Und mit diesem recht harmlos klingenden Satz hat die junge österreichische Autorin Theodora Bauer ihre Leser auch schon eingeladen, den Ferdinand auf seiner Entdeckungsreise zum wirklichen Grund der Dinge zu begleiten. Obwohl sich diese Reise in einem wenig ereignisreichen burgenländischen Dorf abspielt und in Ferdls zwar regem, aber irgendwie unerklärlich gedämpftem, verhaltenem Geist, wird sie bis ins ferne Argentinien führen, in die Untiefen der österreichischen Geschichte und – vor allem – auf den Grund von Ferdinands vernebelter Verklemmung. »Er hat sehr viel Energie darauf verwendet, nicht daran zu denken, und trotzdem sind das Vorkommnis und seine Folgen wie eine Ölschliere auf seinem Bewusstsein dahingeschwommen, andauernd, wie eine Chemikalie, die man da besser nicht hineingegeben hätte und die nun ihre Kreise zieht in einer Pfütze, die sich ganz und gar nicht über diese Kreise freut.« So sehr er sich auch wehrt, der Lauf der Dinge und seine intelligente Veranlagung führen den Ferdl in einer unaufhaltsamen Dynamik auf den Grund der Pfütze und zu einem

Akt der Befreiung. Wer Lust hat, eine scharfsinnige Reflexion über die Psychologie österreichischer Verdrängung zu lesen – in gewitzte Alltagssprache und in eine fesselnde Geschichte verkleidet, dem sei Theodora Bauers Erstlingswerk *Das Fell der Tante Meri* wärmstens empfohlen.

»Das sind natürlich alles Sachen gewesen, die fallen einem als Kind in dieser Form nicht auf«, denkt Ferdinand, als ihm viele Dinge aufzufallen beginnen. Jedes Leben ist von Charakteren der Kindheit geprägt, von Hintergrundgeschichten, die nicht erzählt wurden, weil sie nichts für Kinder sind, von Verletzungen und Traumata, die meist im Schweigen begraben bleiben. Und es gibt viele gute Gründe, von diesen schweren Dingen nicht zu sprechen. Aber auch die verschwiegenen Geschichten haben ihre Macht, sie durchdringen die Atmosphäre des Alltags, die Aggression in Konflikten, manches Mal ein unerfindliches Ausbrechen von Emotion. »Der Ferdl hat gelitten, wie man nur in der Jugend leiden kann … Der Ferdl hat wortlos mit den Tränen gerungen, die kleine Löcher in sein Schlagobers gegraben haben.« Die verschwiegenen Geschichten zu erahnen kann Angst machen. Sie zu entdecken und mit ihnen zu ringen kann aber auch befreien.

Der ganzen Wirklichkeit des Lebens in die Augen zu schauen, ist vielleicht die größte Herausforderung überhaupt – psychologisch und auch spirituell. So wie Sigmund Freud eine intensive Analyse nur reifen Menschen zumutete, empfahl auch Ignatius von Loyola die dreißigtägigen Exerzitien nur Personen in einem gesunden Seelenzustand. Jesus verspricht seinen Schülern einen Geist der Wahrheit, in dem sie einmal Dinge verstehen werden, die sie jetzt noch nicht ertragen würden. Jeder junge Mensch ist in schwere Geschichten verwoben, die noch in uns schlummern und auf Befreiung warten. Es braucht den richtigen Zeitpunkt dafür und einen heilsamen Geist.

Eine starke Verheißung

Manchmal ist das Leben kompliziert, verworren,
die Zukunft ungewiss. Die Sehnsucht nach
einem erhellenden Geistesblitz ist groß.
Wer bringt Klarheit, Sicherheit, Gewissheit?

Josef Steiner

....

Wenn aber jener kommt, der Geist der Wahrheit,
wird er euch in die ganze Wahrheit führen.
JOHANNES 16,13

Schweißgebadet saß ich dem Regens des Priesterseminars
gegenüber. Jetzt kam der Augenblick der Wahrheit. Eine
Bergbauernfamilie mit zehn Kindern und drei Pflegekindern
– während der Sommermonate waren es oft sechs – hatte alle
Kräfte dafür eingesetzt, dass einer von ihnen auf das Gymnasium gehen konnte. Viele aus der Dorfgemeinschaft unterstützen diesen Weg auch materiell, stolz darauf, dass einer
aus ihren Reihen »Pfarrer studiert«; so hieß das damals.
Unvergesslich die Frage eines interessierten Bauern nach
dem zweiten Jahr Gymnasium: »Bei eurem Lernen, seid ihr
schon bei der Wandlung?«

Die erste Abweichung vom vorgesehenen und geplanten
Weg kam nach der Matura. Wie versteinert reagierte der
Rektor des Internats auf meine Ankündigung, nicht in seine
Missionsgesellschaft eintreten zu wollen, sondern in das
Priesterseminar. Dort folgte eine nächste Verunsicherung.
Am Beginn eines neuen Studienjahres kamen jene Freunde
und Studenten nicht wieder in das Seminar zurück, die man
als besonders begabt, aufgeschlossen, lebensfroh und tüchtig

erlebt hatte. Das nagte am Selbstbewusstsein, ob man wirklich auf dem rechten Weg sei.

Die damals vom Priesterseminar ermöglichten »Freisemester« zum Studium an einer anderen Universität öffneten das Tor nach Paris, hinein in eine ganz neue Welt. Als Fensterputzer, Einkäufer und Diener einer Familie durfte ich unentgeltlich in einem ihrer Mansardenzimmer wohnen. Das Leben in Paris war bunt und vielfältig. In den berühmt gewordenen kulturellen Revolten der Jahre 1967/68 wechselten sich Vorlesungen bei berühmten Professoren, Protestaktionen der Studenten im Quartier Latin, Streifzüge mit einem Freund durch die Stadt und erste Ahnungen von Dimensionen des Pariser Nachtlebens ab. Nach diesem Jahr gehörte ich auch zu denjenigen, die nicht mehr den Weg zurück in das Priesterseminar fanden.

So saß ich jetzt dem Regens gegenüber, um mich endgültig vom Weg zum Priestertum abzumelden, verunsichert, verwirrt, ängstlich. Im Hinterkopf all die Menschen, die ich mit diesem Schritt enttäuschte, Familie, Dorfgemeinschaft, Wohltäterinnen und Wohltäter – so nannte man damals die Sponsorinnen und Sponsoren. Mit den Händen vor dem Gesicht hörte sich der Regens zehn Minuten lang mein Gestammel und Gestotter über die Gründe meiner Abmeldung an. Dann sprang er plötzlich auf und sagte voll Enttäuschung, vermischt mit Wut: »Gehen Sie zurück nach Osttirol. Sie versteht sowieso kein Mensch.«

Als ich dann nachdenklich in einer Kirche saß, wurden mir zwei Dinge ganz klar: Ich muss weiter Theologie studieren und mich mehr um verständliches Reden bemühen. So waren mir die Worte des Regens wahrhaftig eine Hilfe. Manchmal ist das Leben kompliziert, verworren, die Zukunft ungewiss. Die Sehnsucht nach einem erhellenden Geistesblitz ist groß. Wer bringt Klarheit, Sicherheit, Gewissheit?

Das Kind, das auf sein Herz hörte

Was hörst du? Wer hat in der Ratlosigkeit
überraschende Lösungen?

Georg Sporschill

···

Denn er wird nicht aus sich selbst heraus reden, sondern er wird
sagen, was er hört, und euch verkünden, was kommen wird.
JOHANNES 16,13

Handschlag! Ich hatte es gewagt, vom alten Mircea ein
kleines Grundstück neben der Roma-Siedlung zu kaufen, obwohl die Besitzurkunde nicht gültig war: Die Erbfolge
musste noch dokumentiert werden. Wir vereinbarten, dass
wir uns um die Papiere kümmern würden; dann würde der
Vertrag aufgesetzt und die Kaufsumme bezahlt werden. Mircea bekam einstweilen einen Vorschuss, und wir konnten
beginnen, mit den Roma einen Brunnen zu graben. Dann
bauten wir ein Waschhaus, wo schon drei Wochen später die
Mütter ihre Kleider wuschen und die Kinder badeten. Auf
dem benachbarten Grundstück hatten wir begonnen, ein
Häuschen für die Betreuung der Kinder zu errichten, das
Sozialzentrum Habakuk.

Jeden Tag humpelte Mircea auf seinen Krücken zum Zentrum, weil er Freude hatte an dem neuen Leben im tristen
Dorf. Doch eines Tages kam Achim, der Erbe. Er hatte gehört,
dass der Vater uns das Gelände gegeben hatte, einstweilen
ohne Bezahlung. »Und noch dazu für die Zigeuner!« Wütend
rannte er zum Waschhaus hinab: »Wenn die Hütte nicht bis
heute Abend abgerissen ist, zünde ich sie an!« Mit seinen
schweren Schuhen stieß er die Tür auf, dass es sie fast aus den

Angeln hob. Hinter ihm keifte die aufgehetzte Mutter, einen Reisigbesen in der Hand: »Runter von unserem Grundstück! Raus hier!« Verängstigt flohen unsere Mitarbeiter hinter das Sozialzentrum, während die Wäscherin die Seifen und Waschbretter einsammelte. Ich wollte Achim beruhigen, doch das machte ihn nur noch rasender: Um zu zeigen, wie ernst er es meinte, zückte er eine Streichholzschachtel. Auch mit der Alten war nicht zu reden. Würde unser Projekt in Ziegental platzen? Wenn wir nicht auf diesem Grund bleiben konnten, gab es kein Wasser mehr. Was würde aus dem Sozialzentrum werden? Dunkle Gedanken schossen mir durch den Kopf, ich stand wie angewurzelt an dem Ort, wo wir einen Spielplatz bauen wollten. Da sah ich weiter oben Mircea, auf seine Krücken gestützt, dastehen und das Treiben beobachten. Unsere kleine Maria lief zu ihm hin und nahm seine Hand: »Herr Mircea, wirst du mir heute wieder von deinen Pferden erzählen?« Das Mädchen weckte in mir den Mut, auf ihn zuzugehen: »Mircea, du bist doch ein Ehrenmann?!« Er lächelte gequält; dann rief er seinen Sohn nach Hause. Die Alte folgte, den Besen auf den Boden stampfend.

In dem Moment, als ich unser Projekt schon aufgegeben hatte, fand Maria das lösende Wort. Sie sah im alten Mircea den Ehrenmann. Aus ihr sprach der Geist, von dem Jesus verspricht: »Er wird sagen, was er hört, und euch verkünden, was kommen wird.« Nicht unsere Strategie führte zur Lösung, sondern das Kind, das auf sein Herz hörte.

Die Bibel empfiehlt uns, auf Mose und Jesus zu hören. Der Koran empfiehlt, auf Mohammed zu hören. Weil durch sie der Geist Gottes spricht und den Menschen Wege zeigt. Der Geist der Wahrheit aber ist nicht auf die Religionsgründer beschränkt, sondern ist jedem Menschen zugänglich, wenn er in sich hineinhört oder wenn er anderen gut zuhört.

Die größte Leistung einer Lehrerin

An welcher Idee arbeite ich mit?
Wo spiele ich eine Rolle? Wessen Geist führt mich?

Ruth Zenkert

....

Er wird mich verherrlichen; denn er wird von dem,
was mein ist, nehmen und es euch verkünden.
JOHANNES 16,14

Unsere kleine Küche ist voller Kinder. Sie sitzen auf der alten Bank, auf Stühlen, auf dem Boden, einige stehen. Nach der Musikschule sind sie zu uns gekommen, wir haben die Messe gefeiert, sie haben gesungen – und jetzt haben sie Hunger. Die fünfzehnjährige Roxana ist hinausgegangen und hat einen großen Topf Mamaliga gekocht. Nun serviert sie den goldenen Maisbrei mit Schafskäse auf zwei großen Holzbrettern. Die Kinder bekommen Servietten, es wird ruhig, alle falten die Hände zum Tischgebet. Dann gibt Roxana jedem Kind einen Teller, die großen Burschen bekommen eine kräftige Portion, den Kleinen setzt sie nur ein Häufchen vor, damit nichts übrig bleibt. Wer mehr möchte, dem schöpft sie nach. Die wilde Meute ist zufrieden und zahm geworden. Die leeren Teller stellen sie in die Mitte. Alexandru isst die Reste auf, die die kleine Bianca übrig gelassen hat. Roxana achtet darauf, dass nichts weggeworfen wird. Ein Bub hilft beim Abspülen, in Windeseile ist die Küche blitzsauber, der Boden gefegt, sind die Sitzkissen wieder geordnet, gibt es frisches Wasser für die Rose auf dem Tisch. Roxana löscht die Lichter und schließt die Haustüre zu.

Vor einem Jahr wusste sie noch nicht, dass sie einmal einen Hausschlüssel in der Hand haben würde. Roxana stammt aus einer Hütte in Ziegental, ohne Wasser und Licht, ohne Tisch, denn dafür ist kein Platz. Begonnen hat das zarte Mädchen als Schülerin in der Elijah-Kunstwerkstatt von Angela. Von ihr hat sie sich alles abgeschaut, Pünktlichkeit, Kochen, Sauberkeit, Sinn für Schönheit. Neue Kinder kommen mit Roxana ins Sozialzentrum, junge Mädchen melden sich für die Mitarbeit in der Werkstatt. Wir sind mit dem Dorf zusammengewachsen, Elijah ist kein »Ausländerprojekt« mehr. Wenn Angela nicht da ist, wird sie von Roxana vertreten. Das Mädchen hat eine Zukunft, auf jeden Fall wird sie mit ihren Kindern nicht in einer Lehmhütte hausen müssen.

Angela hat eine Werkstatt aufgebaut, in der wunderschöne Kunst erzeugt wird. Ihre größte Leistung strahlt jedoch in dem auf, was die Schülerin leistet. Der Geist ist auf Roxana übergesprungen, durch sie bekommt das Werk ihrer Lehrerin Gewicht. Gewicht heißt in der Bibel Herrlichkeit. Die Schüler Jesu verherrlichen ihn – geben ihm Gewicht –, indem sie sein Werk weiterführen und Neues schaffen. Mit seinem Wort hat Jesus den Schülern einen Weg gezeigt und sie selbstbewusst gemacht. Der Funke sprang auf sie über, sie übernahmen sein Werk und entwickelten es weiter. »Wer an mich glaubt, wird die Werke, die ich vollbringe, auch vollbringen und er wird noch größere vollbringen.« (Johannes 14,12)

Bei Roxana scheint in allem die Lehrerin durch, sie ist eine »kleine Angela« geworden. Sie legt Wert – Gewicht – auf die Dinge, die ihrer Lehrerin wichtig sind. Dabei aber ist sie nicht abhängig, sondern selbstständig, sie führt andere Kinder und geht ihren eigenen Weg.

An welcher Idee arbeite ich mit? Wo spiele ich eine Rolle? Wessen Geist führt mich?

In die Antwort hineinleben

Fragen stehen und wirken lassen ist mehr,
als auf eine Frage eine Lösung zu erwarten.

Georg Sporschill

....

Da sagten einige von seinen Jüngern zueinander:
Was meint er damit, wenn er zu uns sagt: noch kurze Zeit, dann seht
ihr mich nicht mehr, und wieder eine kurze Zeit, dann werdet ihr
mich sehen? Und was bedeutet: Ich gehe zum Vater?

JOHANNES 16,17

Den Pfad, über den ich einmal locker gelaufen bin, gehe ich jetzt nur mühsam hinauf. Ich bin froh, dass ich nicht reden muss, denn meine Begleiterin erzählt, es sprudelt nur so aus ihr heraus. Sind es die vielen Probleme, von denen sie mir berichtet und die jetzt auch auf mir lasten? Johanna hatte mich um ein Gespräch gebeten. So sind wir zu einem Spaziergang aufgebrochen. Noch leidet sie unter der Trennung von ihrem Mann, nach langer Ehe fehlt er ihr. Sie hat Angst vor dem Altwerden, allein. Und die Schwester, zum dritten Mal verheiratet, hat drei Töchter mit dem neuen Partner. Sie haben ein Haus gebaut, viele Schulden, er trinkt zu viel und hat jetzt wieder die Arbeit verloren. Ihre Schwester schaut der Wahrheit nicht ins Gesicht. Sie sagt, er müsse eine Fortbildung machen, dann werde schon alles gut werden. Er aber liegt zu Mittag betrunken auf der Couch. Was wird aus den Mädchen?

Johanna hat ihr Herz ausgeschüttet. Ich kann ihr keine Lösung nennen, keine Antwort auf ihre Fragen geben. Während wir auf dem Heimweg über die sanften Wiesen wieder hinunter ins Dorf kommen, habe ich auf ihre Fragen nur meine Fragen. Ich bin ratlos, wir bleiben überfordert von der dunklen Zukunft, haben keinen Strategieplan ausgeheckt. Und trotzdem spüre ich bei Johanna Erleichterung. Obwohl es beim Fragen geblieben ist, hat das Gespräch sie weitergeführt. Es ist noch nichts verloren. Gibt es einen Weg? Für Johanna, weil sie mit den Nichten eine Aufgabe hat? Für ihre Schwester, die vielleicht wieder ihren Beruf aufnimmt? Für den Schwager, wenn er bereit ist, einen Entzug zu machen? Die Fragen bleiben. So leicht mir der Rückweg gefallen ist, so leicht fühlt sich auch Johanna, obwohl ich keines ihrer Probleme lösen konnte. Ermutigt geht sie nach Hause.

Ähnlich mag es den Schülern Jesu ergangen sein, als er mit ihnen von der Zukunft sprach. Es war bedrückend, und sie verstanden nichts. Jesus sagte:»Dann seht ihr mich nicht mehr, und wieder eine kurze Zeit, dann werdet ihr mich sehen.« Dieses Wort wiederholten seine Schüler und diskutierten, führten die Frage aus:»Und was bedeutet, wenn er sagt: Ich gehe zum Vater?« Sie redeten miteinander, fragten sich gegenseitig. Im Bedenken miteinander fanden sie weiter. Durch die Fragen näherten sie sich den Antworten.

Wunderbar hat es Rainer Maria Rilke in seinem *Brief an einen jungen Dichter* ausgedrückt:»Ich möchte Sie bitten, Geduld zu haben gegen alles Ungelöste in Ihrem Herzen und zu versuchen, die Fragen selbst liebzuhaben wie verschlossene Stuben … Leben Sie jetzt die Fragen. Vielleicht leben Sie dann allmählich, ohne es zu merken, eines fernen Tages in die Antwort hinein.«

Das Geheimnis der wichtigsten Gespräche von Menschen liegt darin, miteinander Fragen des Lebens zu bedenken und sich in Fragen weiterzuleiten. Dann kommt jeder für sich zu einer Antwort.

Eine Lebenslinie aus kurzen Zeiten

Ausharren in Geduld und Kräfte
sammeln für die dunklen Tage.

Ruth Zenkert

Sie sagten: Was heißt das: eine kurze Zeit?
Wir wissen nicht, wovon er redet.
JOHANNES 16,18

Erschöpft kam der neue Volontär zu mir: »Ich schaff's nicht mehr! Tag und Nacht mitten unter den wilden Kindern, spät in der Nacht noch klopfen sie an der Tür, und wenn ich morgens aufwache, schauen Kinderaugen durchs Fenster herein.« Ich redete mit seinem Kollegen Mihai, der mit ihm im Sozialzentrum arbeitete und wohnte. »Ihr müsst klare Arbeitszeiten festlegen, sonst hält keiner hier durch.« Nein, Mihai wollte Tag und Nacht für die Kinder da sein. Er war glücklich, dass die Kinder ihn liebten und dass er als Betreuer angenommen wurde. Selbst auf der Straße aufgewachsen, wollte er für sie ein großer Bruder sein. »Gib acht auf deine Kräfte!«, rieten wir ihm. Er hielt sich nicht an das vereinbarte Programm, nach wie vor waren die Kinder ständig im Haus. Nicht lange danach lag auf meinem Tisch ein Zettel, auf dem in Krakelschrift stand: »Ich kündige, Mihai.« Was war passiert? Mürrisch meinte er, in seinem Alter brauche man mehr Geld, er wolle eine Familie gründen, und es sei überhaupt genug. »Wo willst du hingehen?«, fragte ich ihn. Egal, zurück auf die Straße, das sei seine Sache. Dann ließ er sich doch überreden, eine Woche Urlaub zu machen und sich in Ruhe die Sache durch den Kopf gehen zu lassen. Wenn er immer noch der Meinung sei, er wolle gehen, und eine gute Alternative gefunden habe, dann solle er weiterziehen. Nach einigen Tagen schickte er eine SMS mit Grüßen an alle Kinder. Und dann kam er zurück, ging direkt ins Sozialzentrum. »Mihai, was ist los? Wofür hast du dich entschieden?«, fragte ich ihn. »Ach so, das habe ich ganz vergessen ... ist ja klar, ich bin hier zu Hause, das ist meine Familie!« Und schon war er wieder mitten unter seinen Kindern. Inzwischen gibt es ein Programm im Haus, und wenn wir am Abend zusammensitzen, schlüpfen immer einige dazu. Wir sind alle froh, dass Mihai wieder da ist und hoffentlich auch lange bleibt.

Kurze Zeiten. Wir haben glückliche Momente im Leben und Zeiten der Verzweiflung. Im Glück sind wir versucht, übermütig zu werden, im Unglück, alles aufzugeben. Ignatius von Loyola gibt uns in seinen Übungen zur »Unterscheidung der Geister«, das heißt zwischen Gutem und Schlechtem, einen Rat dazu: Im »Trost« entbrennt die Seele in Liebe und Glück, zieht hinauf und leuchtet. In der »Trostlosigkeit« ist sie verfinstert, verwirrt, unruhig, neigt zu niedrigen und trägen Gedanken. Nun sagt Ignatius: »Wer in Trostlosigkeit ist, soll sich mühen, in Geduld auszuharren, die den über ihn hereinbrechenden Heimsuchungen entgegenwirkt. Und er möge bedenken, dass er bald wieder getröstet sein wird, wenn er allen Fleiß gegen eine solche Trostlosigkeit einsetzt. Wer sich im Trost befindet, bedenke, wie er sich in der Trostlosigkeit benehmen werde, die später kommen wird, indem er für jene Zeit neue Kräfte sammelt.« Beide Zeiten reihen sich aneinander, und so wird alles zu einer Lebenslinie. In Zeiten des Glücks übernehmen wir uns nicht, die schweren Zeiten stehen wir durch.

So können wir auch Jesus verstehen. Er geht weg von seinen Freunden, aber nur für kurze Zeit. Auf die Zeit der Trauer folgt die Zeit der Freude.

Von Sorgenkindern und Kindersorgen

Sensible Kinder sind Seismografen.

Dominik Markl

....

Um jene zu heilen, deren Herz zerbrochen ist.
JESAJA 61,1

Wortlos steigen wir die Treppe zur Jugendpsychiatrie hinauf, während uns der Wiener Dezembernebel in die Knochen kriecht. Nur um sieben Uhr könnten wir Max für eine halbe Stunde besuchen, hat mein alter Freund gesagt. Und ich kann es noch kaum glauben, dass sein Sohn, gerade erst dreizehn geworden, schon seit sechs Wochen hier sein soll. Er war immer ein aufgeweckter Bursch gewesen, Fußballspieler, mit Lausbubenwangen und verschmitzten Augen. Ein besonders braver Schüler, gewissenhaft und musikalisch. Beim Elternsprechtag strahlten die Augen der Professorinnen am Gymnasium, wenn sie von ihrem lieben Max sprachen. Doch manchmal war er in einer betrübten Stimmung, glaubte irgendwelchen Ansprüchen nicht zu genügen, machte sich selbst – niemandem sonst – unerklärliche Vorwürfe. »Vielleicht hat ihn der Tod vom Opa im Frühling überfordert«, sagte mein Freund. Im Sommer war den Eltern aufgefallen, dass sich Max beim Essen sonderbar verhielt. Bald aber war es offensichtlich: Er war magersüchtig geworden. In skurrilen Szenen beim Frühstück versuchte er einzelne Cornflakes verschwinden zu lassen. Die Gedanken und Gespräche kreisten nur noch um Kalorien. Sein Zustand wurde zunehmend bedrohlich, die Nerven der Eltern lagen blank. Erstmals wurde daheim geschrien, erstmals war der

194

Papa, sonst die Ruhe in Person, ausgezuckt. »Ich möchte ja wollen, aber ich kann nicht«, hat der Max in seiner Verzweiflung gesagt. Er sah sogar ein, dass er von daheim wegmusste, als es mit seinen Kräften rapide bergab ging und nur noch die Therapie an der Klinik blieb.

Als wir an die Tür kommen, empfängt Max seinen Papa heulend mit Bauchweh. Was, wenn er heute die Abendportion nicht schaffen würde? Auch mir ist zum Weinen zumute, wie ich da den wunderbaren kleinen Zeitgenossen als Häufchen Elend sehe.

Während ich verzagt heimwärts trotte, ärgere ich mich über die kitschige Krippe beim Christkindlmarkt. Jesus hatte keine blonden Locken, denke ich mir. Und keine verklärten, wachsig glänzenden Wangen. Wahrscheinlich war er ein bisschen überbegabt, ein bisschen übersensibel, hat den Eltern Sorgen gemacht. Wahrscheinlich hatte er schon früh ein Sensorium für die Tragik des Lebens, war ihm menschliche Härte unerträglich. Er war »religiös musikalisch«, und seine Seele wurde zum großen Resonanzraum, wenn er in der Synagoge die Worte des Propheten Jesaja hörte: »Der Geist Gottes, des Herrn, ruht auf mir; denn der Herr hat mich gesalbt. Er hat mich gesandt, den Gedemütigten eine frohe Botschaft zu bringen und jene zu heilen, deren Herz zerbrochen ist, damit ich den Gefangenen die Entlassung verkünde und den Gefesselten die Befreiung.« Manchmal war er still und nachdenklich, und über ihm lag wie in einer großen Wolke von unerklärlichen Gefühlen, was er später in unauslöschliche Worte kleiden sollte.

Sensible Kinder sind Seismografen: der Familie, der Gesellschaft, der Menschheit. Wer weiß, wie tief die großen Fragen, die in der Luft liegen, in ihre Seelen dringen? Zu Weihnachten darf Max heim. Vielleicht sind unsere Sorgenkinder besondere Christkinder.

Ein starker Trost

Bei Abschied, Trennung und Tod Worte hören
und Zeichen erleben, die Kraft geben,
ist ein Geschenk.

Josef Steiner

....

Amen, amen ich sage euch: Ihr werdet weinen und klagen,
aber die Welt wird sich freuen; ihr werdet bekümmert sein,
aber euer Kummer wird sich in Freude verwandeln.

JOHANNES 16,20

Völlig geknickt saß sie am Wohnzimmertisch. Tränen
über Tränen. Lange hatten sie und ihr Mann sehnsüchtig
auf ein Kind gewartet. Immer neu gehofft, auch schon überlegt, andere Möglichkeiten in Betracht zu ziehen. Und tatsächlich, das Unerwartete trat ein, sie wurde schwanger.
Doch dann nach zwei Monaten plötzlich kein Lebenszeichen
mehr im Mutterschoß. Die schockierende Nachricht der
Frauenärztin bei der Untersuchung: »Ich finde keine
Herztöne.« Mit den Worten »Komm morgen wieder, dann
schauen wir noch einmal und reden über alles« gab die Ärz-
tin ihr einfühlsam eine Nacht, mit diesem niederschmettern-
den Befund umgehen zu lernen. Am Ende des Leidensweges
stand eine schmerzhafte Trennung von ihrem Kind, unter
Vollnarkose im Krankenhaus. Auf die Frage, ob sie sich in
irgendeiner Form von ihrem toten Kind verabschieden
könnte, erhielt sie den Hinweis des Arztes, dass beim Aus-
schaben der Gebärmutter Kind, Plazenta, Schleim und Blut
nicht mehr getrennt werden könnten, das alles werde mit
dem Müll in der Klinik entsorgt. Groß der Verlust, unendlich

der Schmerz, tief die Trauer. Tränen über Tränen, sprachlos alle, Stille im Raum.

Ein halbes Jahr später: derselbe Raum, derselbe Tisch, dieselbe Frau. Ruhig und gefasst griff sie in ihre Tasche und legte ein Ultraschallbild auf den Tisch, mit den Worten: »Schaut es euch genau an.« Es zeigte Zwillinge, zweieiige, deutlich getrennt sichtbar. Ein Kind verloren, zwei geschenkt bekommen. Trauer, Schmerzen, Tränen, Kummer verwandelt in Zuversicht, Hoffnung, Freude, Lachen.

Jesus sind Tränen nicht fremd, weder eigene noch die anderer Menschen. Als einer seiner besten Freunde, Lazarus, stirbt, taucht er mit allen Trauernden ein in gemeinsames Wehklagen und Weinen. Als er auf seine geliebte Stadt Jerusalem schaut und sieht, wie sie durch eine falsche Politik dem Untergang und der Zerstörung zuschlittert, treibt es ihm Tränen in die Augen. Andererseits setzen Tränen anderer Menschen in ihm große Kräfte frei. So kann er den Eltern des Hauses Jairus, von Kummer zermürbt, dass sie ihre einzige, zwölfjährige Tochter verlieren sollen, sagen: Weint nicht, sie schläft nur. Und das Mädchen auf diese Weise im familiären Beziehungsnetz stärken und ihm zum Erwachsenwerden helfen. Oder wie Jesus, erschüttert von der Klage einer Witwe um ihren einzigen, verstorbenen Sohn, den Todeszug in der Nähe des Städtchens Nain aufhält und den jungen Mann von der Todesbahre hebt. Einfühlsam erahnt er darum auch die Betrübnis und den Schmerz der Seinen über sein Weggehen und seinen nahen Tod, sodass er ihre Trauer mit der Verheißung verbindet: »Ihr werdet bekümmert sein, aber euer Kummer wird sich in Freude verwandeln.« Bei Abschied, Trennung und Tod Worte hören und Zeichen erleben, die Kraft geben, ist ein Geschenk.

Es kommt der Zeitpunkt,
wo du über Konflikte lachen kannst

Stunden der Sorge, Stunden der Trennung, Stunden der Freude. Stunden der Menschwerdung.

Georg Sporschill

....

Wenn die Frau gebären soll, ist sie bekümmert,
weil ihre Stunde da ist; aber wenn sie das Kind geboren hat,
denkt sie nicht mehr an ihre Not über der Freude,
dass ein Mensch zur Welt gekommen ist.

JOHANNES 16,21

Keiner ist allein in dieser wunderbaren Nacht«: So lautet der Refrain eines rumänischen Weihnachtslieds, das mir nicht mehr aus dem Kopf geht. Ein musikalischer Ohrwurm, mir ist er zum Gebet geworden. Ich vergesse auch nicht, wie zwei junge Roma, Ali und Florin, ihn gesungen haben, als Überraschung bei unserem Weihnachtskonzert. Dieses nämlich hatte ich innerlich schon aufgegeben. Geplant war, dass die Lehrer mit den Schülern Stücke einüben würden und dass Ali mit Jugendlichen einige Lieder singen sollte. Fünf Tage vor dem Konzert wollten wir den Ablauf besprechen – ein einziges Chaos. Die Geiger hatten die Noten nicht bekommen, einer der Lehrer war nicht da, und bei der Generalprobe fehlte die Hälfte der Schüler. Ali hatte sich mit seinen Leuten zerstritten, sie weigerten sich, miteinander zu reden, geschweige denn zu singen. Zuerst kämpfte ich noch um den Frieden, dann verließ ich verzweifelt die Runde. Die Schwierigkeiten waren nicht zu überwinden. Dann würde es eben kein Konzert geben. Es war eine dunkle Stunde. Ich zweifelte, ob aus dem Herzstück unseres Projekts mit Roma in Siebenbürgen, aus der Musikschule, etwas werden würde. Und dabei wollten wir doch mit der Musik die Talente der Kinder wecken.

Ich weiß nicht, wie es geschah, aber als ich weg war, rafften sich alle noch einmal auf. Ali übte mit Florin, von dem er vorher wütend behauptet hatte, er könne den Rhythmus nicht halten. Die Kinder strengten sich an, nachzuholen, was versäumt war. Als ich dann inmitten der Dorfbewohner der Weihnachtsmusik lauschte, hatte ich alle Streitereien vergessen. Ich sah die frohen musizierenden Kinder, die noch nicht oft ein Weihnachtsfest hatten feiern können. Und ich wurde getragen von der schönen Melodie, mit der Ali und Florin alle ergriffen. An diesem Abend war keiner allein. Wer hätte geahnt, dass die am ärgsten zerstrittenen Jugendlichen mit ihrem Lied den Weihnachtsstunden den Höhepunkt verliehen?

Es waren weihnachtliche Stunden, wie sie Jesus beschreibt. »Wenn die Frau gebären soll, ist sie bekümmert, weil ihre Stunde da ist; aber wenn sie das Kind geboren hat, denkt sie nicht mehr an ihre Not über der Freude, dass ein Mensch zur Welt gekommen ist.« Jesus spricht hier über die Geburtsstunde der Kirche. Die Auseinandersetzung mit den religiösen Autoritäten wird schärfer, der Kreuzweg beginnt. Den Schmerz hält er aus im Blick auf das Neue, das kommen wird. Heiden schließen sich ihm an, wie zuvor seine jüdischen Schüler. Neben dem Judentum entsteht eine Gemeinschaft von Menschen, die Gott suchen und finden. Eine neue Religion ist geboren. Mit dem Bild von der gebärenden Frau gibt uns Jesus einen Schlüssel, um in aktuellen Konflikten nicht zu verzweifeln, sondern Überraschungen zu erwarten. Vielleicht ist Neues im Kommen.

Und noch einmal sage ich: Freut euch!

Von guten Mächten, die unser Herz stärken.

Ruth Zenkert

....

So seid auch ihr jetzt bekümmert,
aber ich werde euch wiedersehen; dann wird euer
Herz sich freuen und niemand nimmt
euch eure Freude.

JOHANNES 16,22

Aus der Gefängniszelle in Berlin-Tegel, an die Verlobte: »Von guten Mächten treu und still umgeben, behütet und getröstet wunderbar, so will ich diese Tage mit euch leben und mit euch gehen in ein neues Jahr.« Einige Tage später, an einen Freund: »Heilig Abend 1943. … Ich habe in großer Dankbarkeit daran gedacht, dass Ihr heute zusammen sein könnt. … Es gibt nichts, was uns die Abwesenheit eines uns lieben Menschen ersetzen kann und man soll das auch gar nicht versuchen … denn wenn die Lücke wirklich unausgefüllt bleibt, bleibt man durch sie miteinander verbunden. … Je schöner und voller die Erinnerungen, desto schwerer die Trennung. Aber die Dankbarkeit verwandelt die Qual der Erinnerung in eine stille Freude. Man trägt das vergangene Schöne nicht wie einen Stachel, sondern wie ein kostbares Geschenk in sich. Man muss sich hüten, in den Erinnerungen zu wühlen, sich ihnen auszuliefern, wie man auch ein kostbares Geschenk nicht immerfort betrachtet, sondern nur zu besonderen Stunden und es sonst nur wie einen verborgenen Schatz, dessen man sich gewiss ist, besitzt; dann geht eine dauernde Freude und Kraft von dem Vergangenen aus.« Drei Monate später wurde Dietrich Bonhoeffer, der Autor dieser Briefe, gehängt.

Wie schafft es ein Mensch, der unter schrecklichen Bedingungen im Gefängnis ausharrt, von Freude, ja von dauernder Freude, zu reden? Wie Paulus, der aus dem Gefängnis in Rom an seine Freunde schreibt: »Freut euch im Herrn zu jeder Zeit! Noch einmal sage ich: Freut euch! … Der Herr ist nahe« (Philipper 4,4). Jesus sieht seinen Tod vor sich und sagt gerade in dieser Angst zu seinen Schülern: »Dann wird euer Herz sich freuen und niemand nimmt euch eure Freude.« Hier zitiert Jesus den Propheten Jesaja. Der ermutigt das Volk Israel, als es in der Verbannung fern der Heimat lebt. Jesaja weiß, Gott wird es aus dem Elend herausholen. »… dann wird euer Herz sich freuen und ihr werdet aufblühen wie frisches Gras« (Jesaja 66,14). Bewundernswert ist, wie hoffnungsvoll Jesaja, Jesus, Paulus und Bonhoeffer in ihrer trostlosen Lage bleiben. Irgendetwas muss in ihrem Herzen sein, das sie beruhigt. Im Herz des Menschen sammeln sich seine Erfahrungen und Gedanken, formulieren sich die Ziele und Hoffnungen. Sicherheit und Freude in meinem Herzen werden nicht gespeist von äußerem Streben nach Erfolg und Karriere, von VIP-Beziehungen und Titeln. Es sind vielmehr die Momente, in denen mir Vertrauen geschenkt wurde, als ich einem anderen helfen konnte, als mir ein Freund nahestand, als ich die Nähe Gottes spürte, die mein Herz stark machen.

Ein Aufseher notierte, Bonhoeffer habe ruhig und gesammelt gewirkt, sich von allen Mithäftlingen verabschiedet, an der Richtstätte ein kurzes Gebet gesprochen und sei gefasst zum Galgen gegangen. Was macht mein Herz stark? Welche guten Mächte begleiten mich in das neue Jahr?

Dinge, über die man nur in Bildern reden kann

Wo versagt die Logik? Welche Gleichnisse
ließen mich etwas verstehen? Mit welchem Bild
konnte ich jemanden gewinnen?

Ruth Zenkert

....

Dies habe ich in verhüllter Rede zu euch gesagt;
es kommt die Stunde, in der ich nicht mehr in verhüllter Rede zu euch
spreche, sondern euch offen den Vater verkünden werde.
JOHANNES 16,25

W enn ich Nein sage, heißt das Nein!«, höre ich Traian ins
Telefon brüllen. Anca drückt ihr Ohr fester an das
uralte Mobilgerät. »Du gibst die Kinder nicht her! Was sollen
die Leute im Dorf sagen? Dass wir uns nicht um unsere
Familie kümmern? Das ist eine Schande! Pass auf, die werden die Kinder verkaufen. Wenn du sie hergibst, gehst du!«
Anca deutet mit dem Finger auf das Telefon und schaut hilflos zu mir: »Siehst du, ich darf nicht.« Traian, ihr Mann,
hütet tagaus, tagein oben am Hügel eine Schafherde. In
einem Häuschen im Dorf lebt Anca mit den zehn Kindern.
Traians Bruder wohnt bei ihr, um auf sie aufzupassen, manches Kind ist ihm wie aus dem Gesicht geschnitten. Damit
die Kinder in die Schule gehen, weckt sie jeden Morgen einer
unserer Mitarbeiter, wäscht sie mit mitgebrachtem Wasser
und sorgt dafür, dass sie sauber angezogen sind. Dann begleitet er sie in die Schule. Nun hat uns die Lehrerin mitgeteilt,
dass Paula erst wieder kommen darf, wenn sie eine ärztliche
Bestätigung mitbringt, dass sie keine Läuse hat. Auch der

kurz geschorene Kopf, auf dem keine Laus sich mehr vergnügen könnte, überzeugte sie nicht. Da schlug ich Anca vor, dass die drei Kleinen bei uns wohnen sollten. Sie war sofort einverstanden und dankbar für die Entlastung. Auch die Kinder jubelten, als sie hörten, sie dürften zu uns. Doch dann kam Anca mit der Botschaft, Traian erlaube es nicht. Und ich habe eben am Telefon gehört, dass nichts zu machen ist. Da ergreife ich das Wort und sage: »Traian, das ist so wie bei deiner Herde. Du hast Schafe, und du hast Ziegen. Du bist der Hirte für beide. Sie gehören zusammen. So gehören auch wir zusammen, aus zwei wird eine Familie.« Pause. Dann sagt er: »Ja. Das ist gut. Und bitte schickt mir Gummistiefel und eine warme Jacke hinauf, es ist eiskalt.«

Den Durchbruch brachte das Gleichnis, das der Hirte Traian verstand. In Gleichnissen – »verhüllter Rede« – spricht auch Jesus zu seinen Freunden, damit sie ihn verstehen können. Gleichnisse wurden häufig verwendet, um zur Erkenntnis zu finden. Durch ein Bild, eine Parabel wurde ein Gedanke kurz und körnig ausgedrückt. Von Salomo heißt es, er habe durch seine Gleichnisse die schwer verständliche Thora fassbar gemacht. Das biblische Buch der Sprichwörter beginnt: »Sprichwörter Salomos … um Weisheit zu lernen … um Verständnis zu erlangen, Gerechtigkeit, Rechtssinn und Redlichkeit.« Wie mit einer Sichel hieb er durch seine Sprichwörter einen Weg durch das Rohrdickicht, sodass nach ihm jeder darin ein und aus gehen konnte – so beschreiben die Rabbinen Salomo, den großen Gleichniserzähler.

Der Apostel Paulus schließt das Hohelied der Liebe ab mit dem Gedanken: »Jetzt sehen wir nur rätselhafte Umrisse, dann aber schauen wir von Angesicht zu Angesicht« (1 Korinther 13,12). Liebe, Weisheit, Gerechtigkeit sind Dinge, über die man heute nur in Bildern reden kann, verhüllt und nicht logisch.

Der lange Weg in die Öffentlichkeit

Mit wem ist mir eine Beziehung geschenkt, in der ich
über alles reden kann? Worüber will ich nicht sprechen?
Wann hat sich mir jemand anvertraut?

Georg Sporschill

....

Da sagten seine Jünger: Jetzt redest du offen
und sprichst nicht mehr in Gleichnissen.
JOHANNES 16,29

Nachtruhe. Die Kinder lagen im Bett. Als wir kurz darauf
nachsahen, ob alle schliefen, war der kleine Fabian verschwunden. Wir fanden ihn im Bad, wo er mit einer Wurzel-
bürste heftig an seinem Arm herumrieb. »Ich möchte keine
dunkle Haut haben!«, schluchzte er. Wir cremten die aufge-
schürfte Haut dick ein.

Jahre später gab es in der Schule in der Nähe unseres Kinderhauses ein Jubiläumsfest. Wir waren eingeladen, unsere
Organisation vorzustellen, weil viele unserer Kinder in diese
Schule gingen. Abends kam Fabian zur Erzieherin, zitternd
und blass: »Bitte, bitte, sagt morgen nicht, dass ihr mich
kennt!« Dann gestand er, dass er keinem in der Schule gesagt
hatte, dass er im Kinderhaus wohnte. Allen Freunden hatte
er von einer Phantasiefamilie erzählt. Da verstand ich,
warum er nie einen Schulkameraden mitgebracht hatte.

Fabian wollte »normal« sein. Wenn wir fragten, ob seine
Eltern Romanes sprachen, zu welcher Familie sie gehörten,
wehrte er ab: »Ich bin Rumäne.« Doch das Versteckspiel zer-
mürbte ihn. Er fand keine Arbeit, begann ein Studium, nichts
wollte ihm gelingen. Inzwischen aber hat Fabian sein Stu-

dium abgeschlossen und arbeitet – in einem Roma-Zentrum in Wien unterstützt er Kinder bei den Hausaufgaben, er singt Roma-Lieder in einer Band und kämpft für seine braunen Brüder und Schwestern. Zuletzt nahm er an einer Jugend-Konferenz gegen Antiziganismus teil: »Putren le jakha« – öffne deine Augen! Er selbst hat die Augen geöffnet und kann offen über sich reden. Mit fester Stimme sagt Fabian in der Diskussion: »Ich bin Rom. Ich bin stolz darauf.«

»Jetzt redest du offen«, sagen die Schüler zu Jesus. Eine Beziehung ist gewachsen, in der sie einander immer mehr verstehen. Nun kann Jesus ihnen anvertrauen, wer er ist und was ihn erwartet. In »homöopathischen Dosen«, durch Gleichnisse, hat er sie darauf vorbereitet, dass er der Messias sei. Zu Beginn seines Wirkens befahl er den Kranken, wenn er sie heilte, niemandem zu sagen, wer er sei. Er wollte noch nicht in die Öffentlichkeit. Selbst seine Schüler hätten sein Ziel, eine neue Religionsgemeinschaft zu gründen, nicht mittragen können. Nun aber ist der Zeitpunkt gekommen, in dem sie sagen: »Jetzt redest du offen und sprichst nicht mehr in Gleichnissen.« Jesus geht seinen Weg zu Ende, die Schüler übernehmen die Verantwortung und setzen sein Werk fort.

Es gilt, den richtigen Zeitpunkt abzuwarten, ja zu erarbeiten, bis man ganz offen reden kann. Es braucht lange, bis eine Beziehung so weit gewachsen ist, dass ich mich dem anderen ganz zumuten kann. Das macht stark. Jesus konnte sein Werk vollenden, und Fabian wurde zu einem Anwalt seiner Brüder und Schwestern.

Mit wem ist mir eine Beziehung geschenkt, in der ich über alles reden kann? Worüber will ich nicht sprechen? Wann hat sich mir jemand anvertraut?

Eine Sicherheit, die das Rationale übersteigt

Wann wurde mir die letzte Sicherheit
in einer Beziehung geschenkt?

Ruth Zenkert

....

*Jetzt wissen wir, dass du alles weißt und von
niemand gefragt zu werden brauchst. Darum glauben wir,
dass du von Gott gekommen bist.*

JOHANNES 16,30

Seit der Geburt hat Angelica ihr Kind nie mehr gesehen. Es
wurde ihr genommen und sofort zur Adoption freigege-
ben. Angelica tröstet sich damit, es sei besser für die Tochter,
denn sie konnte damals nicht für sie sorgen. Ohne Vater für
das Mädchen und ohne ein Zuhause war eine Familie nicht
möglich. Das Leben im Kanal, Drogen, Prostitution, Gewalt
bestimmten Angelicas Dasein. Immer wieder kam sie in
unser Sozialzentrum, half mit, doch die Fesseln der Straße
zogen sie wieder zurück.

Seit wir in Siebenbürgen für Roma-Kinder arbeiten, ist
Angelica oft vorbeigekommen. Über zwanzig Jahre Freundschaft verbinden uns, in dieser Zeit gab es aber immer wieder schwierige Auseinandersetzungen. Eines Tages sagte sie,
sie wolle ganz bei uns bleiben. Kaum hatten wir aber alle For-
malitäten mit den Behörden erledigt, stand sie mit ihrem
Gepäck an der Straße und sagte, sie müsse zu ihrer Tante
nach Bukarest.

In diesem Winter ist sie wieder aufgetaucht. Wir gaben ihr
eine neue Aufgabe: Zwei Mädchen aus einer verwahrlosten
Familie aus dem Dorf, die wir bei uns aufgenommen hatten,

brauchten Betreuung. Angelica nahm die Mädchen vom ersten Augenblick an wie eigene Töchter. Sie wohnen jetzt zu dritt in einem Zimmer. Es ist alles geordnet und sauber, wie die Kinder es nie erlebt haben. Verstrubbelte Wesen entpuppen sich als hübsche Mädchen. Durch ihre eigene schwierige Lebensgeschichte hat Angelica einen unbefangenen Zugang zu den Mädchen. Die beiden hängen an ihr, Tag und Nacht, auch am Wochenende. Angelica ist eine wunderbare Mutter für die Kinder geworden. »Jetzt habe ich mein verlorenes Kind zurück, sogar zwei«, sagt sie glücklich. Und ich weiß, dass sich unser langer und oft schwieriger Weg mit Angelica gelohnt hat.

Drei Jahre lang mühte sich Jesus um seine Schüler. Sie sollten Apostel werden, Gesandte an seiner statt. Es war ein Lernen mit vielen Konflikten. Jesus warf seinen Schülern vor, dass ihr Glaube zu gering sei. Sie hatten kein Vertrauen. Nach geduldigen Belehrungen seufzte er: »Versteht ihr immer noch nicht?« Er verzweifelte an ihnen: »Du ungläubige und unbelehrbare Generation! Wie lange muss ich noch mit euch sein? Wie lange muss ich euch noch ertragen?« Sie waren verstockt, feige, passiv. Doch plötzlich kam der Durchbruch, der Augenblick, in dem sie sich sicher wurden. Sie konnten sagen: »Jetzt wissen wir, dass du alles weißt und von niemand gefragt zu werden brauchst. Darum glauben wir, dass du von Gott gekommen bist.«

Manchmal erleben wir in Beziehungen eine Sicherheit, die das Rationale übersteigt. Eine Sicherheit, gewachsen durch Konflikte. Paare gewinnen den Mut, zu sagen: Wir bleiben beisammen, bis der Tod uns scheidet. Ich rechne nicht mehr nach, ob Vor- oder Nachteile überwiegen. Beziehungen gehen abenteuerliche Wege. Angelica ist zur Mutter geworden. Sie ist meine Freundin. Wir gehören zusammen, von Gott gefügt.

Eine Ahnung von Ewigkeit

Im Leben Bleibendes zu schaffen ist des Menschen
Sehnsucht. Wo ist mir etwas gelungen, das Bestand hat?
Welche Motivation gab mir die Kraft?

Josef Steiner

....

*Das ist das ewige Leben: dich, den einzigen wahren Gott,
zu erkennen und Jesus Christus, den du gesandt hast.*
JOHANNES 17,3

Die Schüler des Rabbi Mordechai von Neshiz, so erzählt
Martin Buber in seinen chassidischen Geschichten, diskutierten einmal über die Motive, warum man zu einem
spirituellen Lehrer und Meister fahren sollte, um dem
Leben Ausrichtung, Tiefe und Sinn zu geben. Seine Antwort
war: »Das Fahren zu geistigen Lehrern hat viele Gesichter.
Einer fährt zum Lehrer, um zu erfahren, wie man mit Furcht
und Liebe betet; ein anderer, um sich die Kunst anzueignen,
wie man die Weisungen der Bibel um ihrer selbst willen
lernt; wieder ein anderer, um höhere Stufen des geistigen
Lebens zu ersteigen, und so fort. Aber all dies darf nicht die
wesentliche Absicht sein. Jedes von diesen Dingen kann
erlangt werden, und dann braucht man sich nicht mehr
darum zu mühen. Sondern die einzige wesentliche Absicht
ist, Gottes Wirklichkeit zu suchen. Dies hat kein Maß und
kein Ende.«

Damit beschreibt der Rabbi auch Jesu Lebenswerk. Das
war sein Programm: jedem, der offen und auf der Suche war,
die Tür zur Bibel aufzuschließen und ihn so in die Welt Gottes mit hineinzunehmen. Mit seinen Worten: »Jeden Men-

schen, der zu mir kommt, führe ich zum Vater.« Jesus konnte
so reden, weil er selbst, von klein auf, tagaus, tagein als Gott-
sucher lebte und der Beziehung zu ihm aus ganzem Herzen,
mit ganzer Seele und mit all seinen Kräften am Beginn des
Tages und an seinem Ende seine ganze Aufmerksamkeit
widmete. Weil er nächtelang um die Ausrichtung seines
Berufes rang und nach Gottes Willen fragte, wie er ihn ausüben solle. Weil er in der Gestaltung des Alltags und in den
täglichen Begegnungen Worte und Menschenbild der Bibel
Fleisch und konkret werden ließ. Die Kranken und Gefesselten führte er in die heilende und befreiende Nähe des Arztes
Gott. Die Sünder und Verirrten brachte er durch Gottes
Erbarmen auf den rechten Weg. Den Armen und Kleinen
gab er die ihnen in den Augen Gottes zustehende Würde und
Größe. Die Mächtigen und Starken erinnerte er mit harten
Worten an die Verantwortung, die sie von Gott hatten. Die
lernwilligen Frauen und Männer nahm er in seine »göttliche« Bibelschule. So entstand ein Lebenswerk, das Bestand
hat. Und von dem Jesus selbstbewusst am Ende sagen konnte:
»Das ist das ewige Leben: dich, den einzigen wahren Gott, zu
erkennen und Jesus Christus, den du gesandt hast.« Er wollte
den Seinen eine Ahnung von Ewigkeit schenken, von einem
Leben in Tiefe und den Weg dazu.

Ignatius von Loyola hat diesen Weg aufgenommen. Und in
besonders beeindruckender Weise sein Mitbruder Alfred
Delp, der am 17. November 1944 mit gefesselten Händen einen
Kassiber aus dem Gefängnis schrieb: »Die Welt ist Gottes voll.
Aus allen Poren der Dinge quillt er gleichsam uns entgegen.«
Rabbi Mordechai, der Messias Jesus, die Jesuiten Ignatius von
Loyola und Alfred Delp – Gottsuche war aktives und lebendi-
ges Prinzip in ihrem Leben. Sie schufen Bleibendes, Gültiges.
Wo ist mir etwas gelungen, das Bestand hat? Welche Motiva-
tion gab mir die Kraft? Wer zeigte mir den Weg?

Das Dorf braucht den Bettler

Mit welcher Aufgabe möchtest
du dein Leben beschreiben?

Georg Sporschill

....

*Ich habe dich auf der Erde verherrlicht und das Werk
zu Ende geführt, das du mir aufgetragen hast.*
JOHANNES 17,4

Im ersten Augenblick glaubt man, er sei betrunken. Ioane
schwankt beim Gehen weit nach rechts und links, hält aber
doch das Gleichgewicht. Am Körper trägt er alle Kleidungs-
stücke, die er besitzt. In der kalten Jahreszeit sind es fünf
Hosen, sieben Jacken und Mäntel, alles übereinander. Unter
dem Arm hat er seine Emailschüsseln für das Essen, davon
gibt es eine blaue, eine grüne und eine rote. Dazu passend
wählt er eine Schildmütze, die er quer auf den Kopf setzt.
Ioane ist behindert, es heißt, er wurde als Kind immer wieder auf den Kopf geschlagen.

In der Roma-Siedlung hatte er bei seinem Bruder einen
Platz in der überfüllten Hütte. Zusammengekrümmt schlief
er nachts in einem Kinderbett, ohne Matratze. Wir bauten
ein Zimmer für ihn an, zwölf Quadratmeter, mit einem Bett
und einem kleinen Tisch. Ioane war stolz auf sein eigenes
Zuhause. Bald schon aber war der Tisch weg, und eine
Matratze lag auf dem Boden; ein junges Paar war bei ihm
eingezogen, weil sie in der Hütte keinen Platz hatten.

Ioane kann keiner Arbeit nachgehen. Sein Essen bettelt er
sich zusammen. Die Kinder in der Siedlung nannten Ioane
Gaga, Trottel. Sie warfen ihm Steine nach und lachten, wenn

er weinend wegrannte. Tagsüber sitzt Ioane an der Brücke, wo jeder vorbeikommt. Er grüßt alle, er freut sich, er lacht, er fragt, seine unbeschwerte Fröhlichkeit steckt an. Er gehört zum Dorfleben. Auch zu unserer Gemeinschaft gehört er. Morgens um sechs, im Sommer schon früher, kommt er, ein Schäferlied singend, und ruft so lange vor unserem »Rabenhaus«, bis ihm jemand die Türe aufmacht. Er bekommt einen Tee und wartet, bis die Kinder da sind und das Morgengebet beginnt. Ioane stammelt immer dieselben Worte. Er dreht die Augen zum Himmel, zeigt mit gekrümmtem Zeigefinger zur Decke und spricht direkt mit Gott. Als würde er ihn wirklich sehen. Die Kinder lachen nicht mehr über ihn. Sie haben ihm gezeigt, wie er mit der Gabel statt mit den Fingern essen kann. Wenn alle zur Schule und an die Arbeit gehen, nimmt Ioane seine Schüssel und seine Mütze und setzt sich an seinen Platz an der Brücke. Für alle, die vorbeikommen, wird er eine Frage und ein gutes Wort haben.

Der Bettler Ioane wird einmal wie Jesus vor Gott sagen können: »Ich habe dich auf der Erde verherrlicht und das Werk zu Ende geführt, das du mir aufgetragen hast.« Dem Dorf gibt er eine menschliche Mitte. Für die Kinder ist er kein Trottel mehr, sie mögen ihn, ja sie ehren ihn mit Hilfsbereitschaft.

Was war das Werk, das Gott Jesus anvertraut hat? Was musste er als Messias in seinem irdischen Leben tun? Er hat Schüler um sich versammelt und mit ihnen die Grenzen des Judentums überschritten. Er führte sie in die Heidenwelt. Dort sollten sie von ihm lernen, zu heilen und eine Gemeinschaft zu gründen. Als sich das Netz um ihn zusammenzog und sein bevorstehendes Leiden absehbar wurde, konnte er vor Gott sagen: »Das Werk, das du mir gegeben hast, ist vollendet.«

Bettler und Messias: Mit welcher Aufgabe möchtest du dein Leben beschreiben?

Woher wir kommen

Es gilt, das Leuchten in einem Gesicht zu suchen.
Welches Ziel bringt mich zum Strahlen?

Ruth Zenkert

....

Vater, verherrliche du mich jetzt bei dir mit der Herrlichkeit,
die ich bei dir hatte, bevor die Welt war.

JOHANNES 17,5

Auf dem Weg über den Hügel kommen wir an ein paar Schafherden vorbei. Die erste wird von Ghiza bewacht. Der Hirte wohnt mit seiner Frau und zwei Kindern in einem Holzverschlag neben dem Schafstall. Besuchen kann man ihn dort nicht, weil die siebzehn Hunde zähnefletschend ihre Aufgabe sehr ernst nehmen, nämlich die Schafe vor Bären und anderen Eindringlingen zu schützen. Wenn Ghiza mit der Herde über die Weide zieht, gehen einige Hunde mit. Die kann er zurückpfeifen, wenn wir kommen. Mitten unter seinen Tieren steht er den ganzen Tag, gestützt auf seinen langen Stock, und schaut, vereint mit der Natur. Das Leben unter der prallen Sonne, bei Wind und Regen hat sein Gesicht gezeichnet. Tiefe Furchen, graue Bartstoppeln, ein vom Tabak gelb gefärbter Schnurrbart, langhaarige Koteletten; unter den wuchtigen schwarzen Brauen leuchten zwei fuchsige, lebendige Augen. Seine groben Hände erzählen von der schweren Arbeit mit den Tieren. Die speckige Felljacke ist schon wie angewachsen auf Ghizas Haut.

Wenn er uns sieht, ruft er schon von Weitem und kommt uns entgegen. Er freut sich, wenn er mit jemandem reden kann. Ghiza ist fröhlich, ausgeglichen, lacht verschmitzt. Wir fragen, ob er etwas braucht. Am nächsten Tag kommt er zu uns ins Dorf. Er hat seinen Esel mitgebracht. An die großen Ohren hat er rote Wollfäden gebunden, sie schrecken die bösen Geister ab. An einer Schnur hängt ein Fünfliterkanister mit selbst gemachtem Rotwein. Sicher ein saurer Tropfen. Der Esel wird vor dem Haus geparkt, Ghiza kommt herein. Viele Kinder sitzen bei uns, sie wollen von Onkel Ghiza ein Lied hören. Aus voller Kehle singt er, die Kinder stimmen ein. Wo ist Monalisa, fragen sie. Seine Tochter ist schon lange nicht mehr ins Dorf gekommen, sie geht auch nicht mehr in die Schule. Sie hat Masern, sagt er. Er nimmt das schüchterne Mädchen oft mit auf die Weide, im Dorf sind ihr zu viele Menschen. Wir geben ihm Brot, Mehl und Konservendosen mit, alles wird auf den Esel gepackt. Am Brunnen füllt Ghiza noch den Wasserkanister. Dann geht er wieder hinaus zu den Schafen. Ich frage, ob er nicht lieber im Dorf leben wolle. Monalisa solle zu uns kommen, lesen und schreiben lernen. Seine Frau könne ins Bad gehen und Wäsche waschen. Nein, nein, es ist alles in Ordnung, so wie es ist. Ghiza geht wieder zu seiner Herde, zu seiner Familie, auf die Weide. Sein Lied ist noch zu hören, als er längst nicht mehr zu sehen ist.

Ghiza ist glücklich, so wie er ist. Das strahlt er auch aus. Er lebt, wozu er bestimmt ist. Auch wenn es vieles gibt, was aus meiner Sicht einfacher und bequemer, besser für ihn und seine Familie wäre – er braucht es nicht. Sein Leben ist gültig und stark. Gott hat ihn so geschaffen. Sein Glück und Strahlen sind jenseitig, mit weltlichen Maßstäben nicht erfassbar.

»Bevor die Welt war«: Im biblischen Weltbild gibt es den Äon vor und nach dieser Welt. Die Bibel interessiert sich für die Frage, woher wir kommen und wohin wir gehen. Diese Fragen bestimmen, wer wir sind.

Es gilt, dieses Leuchten in einem Gesicht zu suchen. Welches Ziel bringt mich zum Strahlen?

Von der Flucht durch das Meer und vom Gott der Migranten

Wenn es den Gott der Bibel gibt, dann hört er die Schreie der im Mittelmeer Ertrinkenden.

Dominik Markl

....

Ich habe deinen Namen den Menschen offenbart,
die du mir aus der Welt gegeben hast.

JOHANNES 17,6

Am brennenden Dornbusch, mitten in der Wüste, angesichts der rötlich braunen Granitriesen des Sinai, barfuß und mit verhülltem Gesicht fragte Mose Gott, wie er denn heiße. »Ich bin, der ich bin« oder »ich werde sein, wer immer ich sein werde«, so die rätselhafte göttliche Antwort. Sie deutet einen Namen, der in vier geheimnisvollen Buchstaben geschrieben ist: JHWH. Die vier Buchstaben, auf Griechisch »Tetragramm«, deren Wortklang Juden um seiner Würde willen nicht aussprechen, fälschlich »Jehova« gelesen, bezeichneten ursprünglich einen der vielen Götter des Alten Orients. Er kam wohl am Ende der Bronzezeit als kämpfender Sturmgott aus den arabischen Wüsten. Im wachsenden Volk Israel jedoch wurde er mit El, dem mächtigen Herrschergott, identifiziert und entwickelte sich zu »Gott«, »Elohim«, schlechthin. So geheimnisvoll die Deutung seines Namens am brennenden Dornbusch ist, so konkret und handgreiflich präsentiert sich sein Charakter. JHWH ist Mose erschienen, weil er das Schreien der Israeliten in Ägypten gehört hat, weil er sich kompromisslos für sie einsetzen und sie aus der Gewalt des Pharao befreien will.

Die Flucht durch das Schilfmeer wird gleichsam zur Geburt des Volkes.

Was wie ein romantischer, spannend erzählter Mythos klingt, erweist sich spätestens am Berg Sinai als eine anspruchsvolle Konzeption gesellschaftlicher Ethik. Am Berg Sinai nämlich vermittelt Gott seinem geretteten Volk den moralischen Anspruch, der mit seiner Rettung verbunden ist: »Einen Fremden wirst du nicht bedrücken. Ihr wisst ja selbst, wie es einem Fremden zumute ist, denn Fremde seid ihr gewesen im Land Ägypten.« Der Gott der Bibel ist ein Gott der Befreiung, konkret: ein Gott von Migranten. Diese Erzählung der Befreiung als Fundament des von göttlicher Autorität proklamierten Ethos der Solidarität zu gestalten, gehört zu den einmaligen Errungenschaften der biblischen Schriftsteller. Mit dieser Gründungserzählung des Gottesvolkes identifizieren sich Juden; aber auch Christen, da Jesus, dessen Name »Retter« bedeutet, für sie den göttlichen Namen vom brennenden Dornbusch über die Grenzen des jüdischen Volkes hinaus offenbart hat.

Wie grausam kontrastiert diese hoffnungsvolle Erzählung der Rettung aus dem Schilfmeer mit der Flucht durch das Mittelmeer, die zu einer Horrorgeschichte unserer Tage geworden ist. Das Mittelmeer, das Afrika, Asien und Europa seit den Phöniziern zu einem Kulturraum verband, das Rom zu einem Weltreich auf drei Kontinenten werden ließ, ist zu einem Wassergraben der Festung Europa verkommen, zu einem stinkenden Todessumpf. Sizilianische Fischer finden immer weniger Fische in ihren Netzen und immer mehr Leichen. Frauenleichen, Männerleichen, Kinderleichen. Wenn es den Gott der Bibel gibt, dann hört er die Schreie der im Mittelmeer Ertrinkenden. Wer ist gerufen, um sie zu retten?

Der Geist weht, wo er will

Welches Wort habe ich so weitergegeben, dass es andere annehmen konnten? Eine Pfingstfrage in der Erziehung.

Georg Sporschill

....

Denn die Worte, die du mir gegeben hast, gab ich ihnen und sie haben sie angenommen.
JOHANNES 17,8

Zwei starke Burschen zerrten Ioane hinauf zum Badehaus. Dort waren eine Wanne mit warmem Wasser, Seife und ein Handtuch vorbereitet, um ihn zu waschen. Ioane war einer der ersten Kandidaten, die wir für unser Badeprogramm in Ziegental ausgewählt hatten, nicht zufällig, denn er strotzte vor Dreck. Die anderen Bewohner der Roma-Siedlung behaupteten sogar, er habe sich noch nie im Leben gewaschen. Nur wenn er im Regen stand, kam Wasser an seine Haut. Ioane wehrte sich aus Leibeskräften, die Burschen zogen ihn am Schluss an den Armen, die Füße schleiften am Boden und nahmen so noch den Schlamm vom Weg auf. Nach der Waschtortur, bei der auch Tränen flossen, kam Ioane frisch rasiert, mit geschnittenen Haaren und gut duftend, in sauberer Kleidung heraus. Das erste Mal hatte er sich in einem Spiegel gesehen, und er gefiel sich. Wie ein König schwankte er durch die Siedlung. Nach wenigen Tagen war die Pracht dahin. Es war ebenso schwer, ihn wieder ins Bad zu bringen. Nur von Iulian ließ er sich überreden. Wir bemühten uns täglich, ihm beizubringen, dass er sich die Nase nicht mit dem Jackenärmel putzen, nicht mit Fingern in die Schüssel greifen, die Schuhe im Haus ausziehen solle.

Am Ostersonntag kam er zum Morgengebet ins Haus, wie immer, und schon länger nicht gebadet. Da fing ihn Andrea im Hauseingang ab. Ausgerechnet Andrea, unser wildestes Mädchen, die in zerrissenen schmutzigen Hosen und mit Rotznase nicht gerade ein Vorbild ist. Sie schimpfte ihn: »Heute ist ein Festtag, so kannst du nicht ins Haus kommen!« Dann schob sie ihn ins Bad. Dort nahm sie – viel zu viel – Haarshampoo und wusch ihm das Gesicht. Schaumblasen schwebten davon, als sie ihn schrubbte. Er genoss die Behandlung und lachte vergnügt, wenn auch hustend, denn die Seife drang in Nase und Mund. Mit roten Augen und strahlend vor Glück kam Ioane ins Haus. Hinter ihm schlüpfte Andrea herein und betrachtete ihre Hände. So sauber waren sie noch nie gewesen.

Meine Osterfreude war, dass Andrea zum ersten Mal nicht gegen die Sauberkeit, sondern für die Sauberkeit gekämpft hatte. Bisher hatten alle Erziehungsversuche nichts geholfen. Ich konnte nachempfinden, was Jesus in jenem Augenblick gefühlt hatte, als erstmals Heiden sein Wort von Gott angenommen hatten. Wie lange hatte er ihnen die Thora erklärt und vorgekaut, bis sie sie aufnehmen konnten! Daraus ist eine Gemeinschaft mit einem neuen Buch entstanden, dem Neuen Testament. Jesus hat für uns die Bibel übersetzt. Er hat aus dem anspruchsvollen Bund des Judentums mit 613 Geboten und vielen Regeln eine Art »Judentum light« für die Heiden gegründet, wie es ein jüdischer Religionsphilosoph formuliert hat.

Zu Pfingsten sollte Jesus Recht bekommen. »Der Geist weht, wo er will.« Andrea, von der wir es am wenigsten erwartet hatten, verhalf der Sauberkeit zum Durchbruch. Wann ist es mir gelungen, ein Wort so zu sagen, dass es andere annehmen konnten?

Mut aus der Geborgenheit

Wer hat mir Sicherheit geschenkt, aus der
heraus ich etwas wagen konnte? Wo habe ich die Kraft
gespürt, eine Aufgabe anzupacken?

Ruth Zenkert

....

*Sie haben wirklich erkannt, dass ich von dir ausgegangen bin, und sie
sind zu dem Glauben gekommen, dass du mich gesandt hast.*
JOHANNES 17,8

»Aualeu«, sagt Ionela leise. Ein neuer Volontär hat den
Frühstückstisch für den nächsten Morgen gedeckt. Die
Tassen stehen in der Mitte des Tisches, es fehlen Servietten,
es gibt keine Kerze. Das Mädchen huscht um den Tisch und
rückt mit ihren zarten Fingern schnell die Tassen an die
Plätze, den Griff sorgfältig nach rechts ausgerichtet, die Löf-
fel daneben und die Messerschneide zum Teller. Sie prüft, ob
die Fenster zu sind, und löscht das Licht. Die zehnjährige
Ionela wohnt seit drei Monaten bei uns. Als sie kam, war sie
ein verschüchtertes kleines Mäuschen, schmutzig, verlaust,
geprügelt. Bei ihr zu Hause gab es keinen Tisch, alle aßen am
Boden, mit den Fingern aus der Schüssel, von Besteck keine
Spur. Nie war das Kind in der Schule. Die ersten Tage konnte
Ionela nicht gemeinsam mit uns essen. Sie schob den Kopf
unter die Tischplatte, niemand sollte sie sehen. Angelica,
selbst ein ehemaliges Straßenkind, gewann ihr Vertrauen.
Wenn wir alle aufgestanden waren, saßen die beiden am
Tisch, Ionela nippte an ihrem Tee und aß ein paar Bissen
Brot. Inzwischen sind die geschorenen Haare gewachsen, ihr
Gesicht ist schön und hell geworden. Ihr Ehrgeiz ist es, das

Tischgebet anzustimmen. Wenn aus Versehen ein anderer beginnt, schaut sie ihn vorwurfsvoll an und sagt: »Du hast mir das Gebet gestohlen. Das darf ich machen.« Ionela lernt jetzt Lesen und Schreiben, sie hilft beim Kochen für die Hausgemeinschaft. Mit Angelica besucht sie jeden Tag die Mutter, die mit den vielen anderen Geschwistern in einer Hütte lebt. Sie nimmt den Besen und kehrt den Dreck hinaus. Ihr Traum ist es, dass es dort einmal einen Tisch gibt und sie der Mutter zeigen kann, wie sie ein Frühstück herrichtet, mit Tassen, Tellern und einer Kerze.

Nach der langen Phase, in der sie nicht vertrauen konnte, hat Ionela in die Gemeinschaft gefunden. Durch Angelica hat sie erkannt, dass es hier gut für sie ist. Auch die Schüler Jesu brauchten viel Zeit, bis sie ihm vertrauen konnten. Bis sie an ihn glaubten und an seiner Sendung mitarbeiteten. Wie sehr hat sich Jesus abgemüht, jeden Einzelnen zu gewinnen! Viele haben ihn wieder verlassen, ringend fragte er die verbliebenen Schüler: »Wollt auch ihr gehen?« Jesus lebte mit ihnen – das war gemeinsames Essen, Wohnen, Arbeiten, Ruhen –, er liebte sie und ging ihnen so lange voran, bis sie stark genug waren, sein Werk zu übernehmen. Erleichtert berichtete Jesus seinem Vater diesen Augenblick: »Sie haben wirklich erkannt, dass ich von dir ausgegangen bin, und sie sind zu dem Glauben gekommen, dass du mich gesandt hast.«

Als verschrecktes Kind kam Ionela zu uns. In einem ehemaligen Straßenkind hat sie eine Freundin gefunden. Nun ist sie selbst zu einer Lehrerin der Tischkultur für unsere Neuen geworden und zu einer wertvollen Mitarbeiterin.

Wer hat mir Sicherheit geschenkt, aus der heraus ich etwas wagen konnte? Wo habe ich die Kraft gespürt, eine Aufgabe anzupacken?

Ein Herz und eine Seele

Im Wissen um ein gemeinsames Ziel ist es eine Freude,
die Unterschiede in der Religion, in den Geschlechtern,
in den Völkern, in den Begabungen zu sehen.

Ruth Zenkert

....

Heiliger Vater, bewahre sie in deinem Namen,
den du mir gegeben hast, damit sie eins sind wie wir.
JOHANNES 17,11

Ogi schaut in jedem Klassenzimmer nach, ob die Fenster
geschlossen sind, dann sperrt er zu. Die Musikschule ist
für heute zu Ende, ich gehe mit ihm zum Gemeinschafts-
haus. Dort kommen Kinder, Mitarbeiter, Volontäre und
Freunde aus dem Dorf zum Abendgebet zusammen. Danach
gibt es für alle ein Stück Pizza aus unserer Bäckerei. Ogi
stammt aus Bulgarien, er ist ein Rom aus der türkischen
Minderheit und ein begnadeter Geiger. Er unterrichtet
unsere Roma-Kinder in Transsilvanien. Ihre gemeinsame
Sprache ist die Musik – und Romanes. In kurzer Zeit hat er
mit den begabtesten Kindern Musik-, Sing- und Tanzgrup-
pen gebildet. Auf dem Weg reden wir über unsere Kinder.
Wie können wir Ioana wieder zurückgewinnen? Sie ist
begabt, aber sie fehlt seit Wochen. Gabi entwickelt sich wunderbar, sie sollte noch mehr gefördert werden. Nelu ist
schwach, vielleicht hat er in der Trommlergruppe mehr
Chancen. Über seine Schüler redet Ogi mit großer Liebe und
Ehrfurcht. Er sieht in jedem Kind ein Geschöpf Gottes, dem
er, Allah, die Begabungen gegeben und das Leben auf die
Stirn geschrieben hat. Der Mensch muss nur lesen, was Gott

ihm gibt, dann geht er den richtigen Weg. »Manche Kinder sind nicht für die Musik. Wenn sie lesen auf der Stirn, sie verstehen, was Allah schreibt. Und ist gut«, sagt er mir in seinem bulgarisch-rumänischen Deutsch, das er sich selbst angeeignet hat. Wir sind in der Kapelle angekommen, dort sind schon alle versammelt. Orthodoxe, Evangelikale, Katholiken – und Ogi, der Moslem. Wir danken für alles Gute und bitten für die Kranken. Jeder auf seine Weise. Ogi ist eins mit uns.

Jesus hat eine Schule gegründet. Aus den jungen Männern und Frauen, mit denen er durch Galiläa und nach Jerusalem zog, ist die christliche Kirche geworden. Mit Blick auf seinen Abschied bringt er das Ziel seiner Gründung noch einmal deutlich zum Ausdruck: »Heiliger Vater, bewahre sie in deinem Namen, den du mir gegeben hast, damit sie eins sind wie wir.« Jesus weiß, dass seine Gründung sich von anderen Schulen unterscheidet. Sogar von der Schule, aus der er selbst und seine Schüler kommen. Wissend um das Neue und um die Unterschiede der Formen ist das Ziel gemeinsam: im Namen des Einen Gottes vereint zu sein und ihn nachzuahmen: »Seid heilig, weil ich heilig bin« (Levitikus 11,44). Gemeint ist damit, mitzuarbeiten an der Rettung der Welt, sich für Gerechtigkeit einzusetzen. Die neue Gründung soll das Christentum wie das Judentum zusammenhalten im Blick auf das Ziel, allen Menschen Gerechtigkeit zu verschaffen.

Mit Ogi, unserem muslimischen Musiklehrer, sind wir ein Herz und eine Seele. Uns verbindet das Ziel, Roma-Kindern durch Musik das Tor zu Selbstbewusstsein und Lust an einer Ausbildung zu öffnen. Wir beten sogar miteinander.

Im Wissen um ein gemeinsames Ziel ist es eine Freude, die Unterschiede in der Religion, in den Geschlechtern, in den Völkern, in den Begabungen zu sehen.

Qumran und die Kinder des Lichts

Zum Ursprung der Qumran-Sekte und des Christentums
im Wüstenwort des Propheten Jesaja.

Dominik Markl

....

Solange ich bei ihnen war, bewahrte ich sie in deinem Namen,
den du mir gegeben hast.
JOHANNES 17,12

Qumrans Ruinen überblicken die ölige Salzsuppe des
Toten Meeres, hinter dem sich nach Osten hin die
Gebirge Jordaniens erheben. Bei Sonnenuntergang verschweben sie in einer unwirklichen Mischung von gelblichen, orangen, rosarötlichen Tönen zwischen dem bleiernen Blauschwarz des Meeres und dem diesigen Farbenspiel des Himmels. Nach Westen zu erheben sich Hunderte Meter felsiger
Klippen, immer wieder von Schluchten zerfurcht, die in die
judäische Wüste führen, Richtung Jerusalem. Von Jerusalem
her hatten die Qumran-Leute Zuflucht an diesem tiefsten Ort
der Erde gesucht, vierhundert Meter unterhalb des Meeresspiegels, dessen Ruhe von wenigen Nomaden und Reisenden
durchbrochen wurde; treue Mitbewohner waren nur Steinböcke und Gazellen. Ihren Auszug in die Wüste begründete die
Qumran-Gemeinschaft mit einem Wort des Propheten Jesaja:
»Eine Stimme ruft: In der Wüste bahnt einen Weg für Gott!«

Der Alltag in Qumran war von strengen religiösen Regeln
geprägt, nicht unähnlich einem Wüstenkloster: Arbeit und
religiöse Übungen, vor allem Studium des mosaischen
Gesetzes, Nachtwachen, Reinigungsrituale und exaktes Einhalten festgesetzter Zeiten. Treue, gütige Demut und Gerech-

tigkeitssinn waren Grundwerte der Gemeinschaft. In ihr waren die Kinder des Lichts vereint, während die Kinder der Finsternis von den dunklen Mächten des dämonischen Belial regiert wurden. Erst in einem großen Kampf der Endzeit würden die göttlichen Mächte gemeinsam mit den Kindern des Lichts die Mächte der Finsternis besiegen.

Die römische Besatzungsmacht war von solchen Gedanken unbeeindruckt, aber umso genervter von der Sturheit der jüdischen Splittergruppen, die um ihres eigenbrötlerischen religiösen Wahns willen die Machtinteressen des Reichs an der Ostfront unterminierten. Unter Titus machte man ihnen endgültig den Garaus. Mit der Zerstörung des Jerusalemer Tempels war ihrem ach so mächtigen Gott eine deftige Lektion erteilt. Sicherheitshalber räucherte man aber auch ihre Wüstennester aus; nicht nur Festungen wie Massada, sondern auch am Weg liegende kleinere Ansiedlungen von Extremisten, wie Qumran.

Bei ihrer Flucht hinterließen die Qumran-Leute ihre größten Schätze, ihre Schriften, in den umliegenden Höhlen. Diese Schriften erlauben uns jetzt einen faszinierenden Blick in ihre Welt. Die kleine jüdische Sekte ist zu weltgeschichtlicher Bedeutung aufgestiegen, weil sie uns hilft, die historischen Ursprünge einer anderen jüdischen Sekte zu verstehen, des Christentums, das zwei Jahrtausende Geschichte der Menschheit mitgeprägt hat. Auch das Christentum begann mit einem jüdischen Prediger, der sich auf Jesajas Wüstenwort berief – Johannes dem Täufer. Wie die Qumran-Sekte oder die Pharisäer rangen auch die ersten Christen darum, wie man dem göttlichen Namen aus der Offenbarung des Mose treu sein sollte. Anders als Qumrans Kinder des Lichts, die sich an den Tiefpunkt der Erde zurückzogen, verstand Jesus seine Schüler jedoch als Licht der Welt, dessen Wirkung wie eine Stadt auf dem Berge nicht verborgen bleiben sollte.

Der Rabe mit dem Notenschlüssel

Die Kehrseite der Menschlichkeit. Mit Worten aus einer anderen Welt machst du dich nicht beliebt.

Georg Sporschill

....

Ich habe ihnen dein Wort gegeben, und die Welt hat sie gehasst, weil sie nicht von der Welt sind, wie auch ich nicht von der Welt bin.
JOHANNES 17,14

Unser Sommerfest vereinte über tausend Gäste. Die Musikschüler, verstärkt durch österreichische Freunde, zeigten, was sie im letzten Schuljahr gelernt hatten, und brachten alle zum Tanzen: Rumänen, Roma, Siebenbürger Sachsen und Ausländer. Der orthodoxe Pfarrer tanzte mit den braunen Damen in bunten Röcken, der französische Akrobat baute mit den Jugendlichen eine dreistöckige Menschenpyramide, die Bäckerinnen aus Ziegental bewirteten alle mit Schwarzbrot und Schafkäse.

Letztes Jahr suchten wir einen Namen für das musikalische Sommerfest. Die Vorschläge »Musik heilt«, »Stimme des Kindes«, »Sommersymphonie« schmetterte ich ab. Da tauchte das Wort »Rabentanz« auf, es erhitzte die Gemüter. Der Rabe ist hier eines der ärgsten Schimpfwörter für die Roma. Rabentanz – unmöglich! Unsere Mitarbeiter sträubten sich: »Alle glauben, es sei ein Zigeunerfest. Ich kann meine Freunde nicht dazu einladen.« Ich gab mir noch eine Nacht zum Nachdenken. Sollten wir einen »weichen« Titel wählen, um bei den »Rumänen« keinen Anstoß zu erregen? Mit den frühen Sonnenstrahlen wachte ich auf: Gerade weil sich alle wehrten, *musste* der Name Rabentanz lauten. Gegen alle Meinungen verkündete ich meine Überzeugung. Sie schwiegen. Noch mehr, als wir die Grafik vorstellten, die ein Freund entworfen hatte: auf rotem Grund einen Kreis schwarzer Raben, einer davon mit einem Notenschlüssel im Schnabel. Bald darauf war ein Kampf um die schönen T-Shirts mit dem Emblem der Raben entbrannt. Das ganze Dorf – nicht nur die Roma – trägt sie heute. Der Rabentanz – *Dansul Corbilor* – ist dieses Jahr schon zu einem positiven Begriff geworden. Ich bin glücklich, dass wir den Mut zum Raben hatten. Obwohl anfänglich alle das Wort abgelehnt haben, so wie sie die Roma »hassen«. Die Roma-Leute spüren die Solidarität im Zeichen des Raben, der laut Bibel dem Propheten Elijah das Leben rettete. Der Rabe ist zu unserem Symbol geworden.

Weltfremde Wörter, wie der Rabe in Rumänien (Krähe, *cioara*), bringen Schwierigkeiten mit sich. Aber sie stiften eine Gemeinschaft, wie sie die Welt nicht geben kann. Materielle Interessen und egoistische Ziele schaffen Verbindungen, die sich verflüchtigen, wenn die Zeiten sich ändern. Anders ist es bei jenem Wort, das Widerstand hervorruft. Das Wort für die Bettler, das Wort für die Ausländer, das Wort für die, die anders sind als wir, das Wort für die Flüchtlinge. Diese Worte »provozieren« die Stimme des Volkes, die geradezu zu einem Echtheitskriterium für Worte aus einer anderen Welt wird. Nicht aus der Welt zu sein wie Jesus bedeutet, auf der Seite des Ewigen zu sein, um für Zukunft für jene zu sorgen, denen dies aus eigener Kraft nicht möglich ist. Jesus preist jene selig, die um der Gerechtigkeit willen in Schwierigkeiten kommen und wie er »beschimpft, verfolgt und verleugnet« werden. Wie die Propheten werden sie »großen Lohn im Himmel« empfangen, einem Himmel, der nicht nach dem Tod, sondern in diesem Leben als Qualität gegenwärtig ist.

Von jenseitiger Schönheit

Warum es uns unwiderstehlich in die Berge zieht.

Dominik Markl

....

> *Sie sind nicht von der Welt, wie auch ich*
> *nicht von der Welt bin.*
>
> JOHANNES 17,16

Jetzt bin ich in meinem Element«, sagte er, als wir durch die Schneerinne aufstiegen und unsere Begeisterung über Fels, Schnee und Himmel nicht zurückhalten konnten. Den ganzen Tag schon hatte ich ihn bewundert, wie gelöst und frei er von seinem Leben sprach, obwohl er mit seinen siebzig Jahren noch verantwortungsvolle Aufgaben wahrzunehmen hatte. Konflikte verschwieg er nicht, kommentierte sie jedoch scherzhaft: »Das halt' ich aber ganz leicht aus!« Wie ein junger Bursch freute er sich über die Pracht der Bergblumen. »Wirst seh'n, es ist nimmer weit«, sagte er im oberen Teil der Rinne. Bald blieben wir stehen, um die weitere Route in den Blick zu nehmen. Da rutschte er unversehens aus und fiel, rutschte durch die Rinne ab, fand im Schnee keinen Halt, überschlug sich, stürzte über Felsen, Hunderte Meter, seinem Tod entgegen.

Wenn du einen Menschen fallen siehst, dachte ich nach dem Begräbnis, als die Bilder wieder auftauchten, da reißt es dir ein Loch in die Seele, in dem er weiter fällt und weiter. Und du möchtest ihm Arme ausbreiten, um ihn aufzufangen, doch da ist nur Tiefe. Jede Aufmerksamkeit und Aufmunterung, jedes gute Wort von Freunden ist wertvoll in der Zeit danach. Doch das Einzige, was wirklich tröstet, sind jene unendlich weiten Arme, in die er, meinem tiefsten Empfinden nach, zuletzt gefallen ist.

All diese Gedanken und Bilder kommen mir erneut, als ich einige Wochen später am Gipfel meines Heimatberges sitze und zwischen den Wolken abendliches Sonnenlicht in Strahlenbündeln zunächst durchs Tal, dann wieder über die Gipfel streift, so, als wollte ein himmlischer Regisseur einem zufällig anwesenden Publikum mit diesem stillen Spektakel sanft den Atem rauben. Ich erinnere mich, solches von gelbem Licht getränktes Spiel von Grünschattierungen in von Lärchen und Zirben durchwachsenen Almwiesen schon des Öfteren gesehen zu haben, und doch scheint es mir wieder unwirklich, geradezu unmöglich, dass es eine solche Farbenpracht auf dieser Erde geben kann. Und erneut wird mir deutlich, warum es uns unwiderstehlich in die Berge zieht. Wir begegnen in ihnen einer jenseitigen Schönheit, nicht von dieser Welt. Einer Schönheit, die das Leben in ein neues Licht rückt, von der man sich Verwandlung erhofft, gleich den biblischen Bergsteigern: Mose, dessen Angesicht, vom Berg kommend, ausstrahlt, oder Jesus, dessen Gewand sich am Berg in gleißendes Licht verwandelt.

Ähnlich wie das Tal im Schatten liegt, während Lichtkegel darüber streifen, belasten die Härte des Todes und Fragen von Verantwortung das Gemüt, während friedvolle Stimmungen und warme Farben aus einer anderen Welt über die Seelenlandschaft ziehen. Wenn ich selbst einmal sterbe, möchte ich so fröhlich und dem Leben gegenüber so gelassen sein wie mein Kamerad an seinem letzten Tag. Ihm gelten nun die Worte eines italienischen Bergsteigerliedes: Gott des Himmels, Herr der Gipfel, einen unserer Freunde hast du von den Bergen erbeten. Doch wir bitten dich, wir bitten dich: *Su nel paradiso lascialo andare per le Tue montagne.* Oben im Paradies, lass ihn wandern durch deine Berge.

Eine *Echipa fantastica*

Mit wem bist du fest verbunden?
Wer ist auf deiner Seite? Wer setzt sich mit
dir für Gerechtigkeit ein?

Ruth Zenkert

....

Und ich heilige mich für sie, damit auch sie
in der Wahrheit geheiligt sind.
JOHANNES 17,19

Zwei Uhr früh. Halbzeit in der orthodoxen Osterliturgie. Ein wunderbarer Gottesdienst, der mich trotz der nächtlichen Stunde einhüllt in die Freude der Auferstehung. Plötzlich Krach: Von der kleinen Empore saust eine Fahne herunter. Niemand wird verletzt, aber es wird unruhig und laut. Schon seit einer Stunde hört man ein Auf und Ab auf den Holzstufen, manchmal ein Kichern, die Klingeltöne eingehender SMS oder Facebook-Nachrichten. Früher war die Dorfjugend »rumänisch«, die Söhne und Töchter der Bauern in den schwarzweißen transsilvanischen Trachten. Heute sind viele von ihnen in die Stadt gezogen oder schlafen noch. Desto mehr dunkelfarbige, bunt gekleidete Dorfbewohner sind auf der Empore. Viele sind nicht mehr orthodox, weil sie von der amerikanischen Pfingstgemeinde abgeworben wurden. Zur Osternacht aber sind sie in die orthodoxe Kirche gekommen. Vielleicht auch, weil sie auf den guten Cozonac spitzen, den Hefekuchen, der danach verteilt wird. Was unten zunächst ein Tuscheln war, wird jetzt laut. »Ruhe dort oben, sonst geht ihr alle raus, und zwar sofort!« Das Schimpfen richtet sich nicht mehr gegen »die Jugend«, sondern gegen die »Zigeuner«.

Nach der Messe, um vier Uhr früh, gibt es für jeden Kuchen, eine Kerze und einen Becher Wein. Der Pfarrer, Părinte Calin, von dem die Dorfbewohner sagen, dass er mehr in seiner »Kapelle« – das ist das kleine Geschäft von Frau Maria – sei als in der Kirche, kommt nach den Bierchen bei Maria oft zu uns. Wir sitzen zusammen im Hof, wir, die Katholischen, unsere Roma-Brüder, Pfingstler und Orthodoxe, singen, musizieren, reden. Er vertraut uns. In diesem Sommer hat er im Sonntagsgottesdienst verkündet, dass er nun in Urlaub fahren werde. Mit den »Zigeunern« wird er eine Wallfahrt zum Haus der Maria in Ephesus unternehmen. Der frommen orthodoxen Gemeinde stockte der Atem.

»Sich für sie heiligen« – so bezeichnet Jesus seinen Einsatz für die Menschen. Sich heiligen heißt, eine tiefe Beziehung zu Gott suchen. Einzig Gott und seine zehn Weisungen sind der Maßstab des Handelns Jesu. Diese Orientierung entfernt ihn von weltlichen Maßstäben, sondert ihn ab von den Menschen, die egoistischen Interessen nachgehen, korrupt sind, alle Probleme zudecken. Er setzt sich ein für eine gerechte Welt. Die Beziehung zu Gott, die »Heiligung«, macht ihn dafür stark. Wer ihm vertraut, sich mit ihm verbindet, heiligt sich. Die göttliche Kraft fließt über und gibt Selbstbewusstsein, sich der Welt gegenüberzustellen: sie zu kritisieren, sie als Aufgabe zu sehen, ihr eine Alternative zur Hoffnungslosigkeit zu bieten. Jesus will, dass seine Mitarbeiter »in der *Wahrheit* geheiligt sind«. Wahrheit heißt hebräisch *Emuna*, darin steckt das Wort Amen. Dieses »Amen« gibt übermenschliche Kräfte, und es macht eine Gemeinschaft zu einer *echipa fantastica*, wie unsere Jugendlichen uns oft nennen.

Părinte Calin hat es gewagt, mit den »Zigeunern« unterwegs zu sein. Auch er gehört zur *echipa fantastica*.

Von der Menschheit als Migrantin

Wie wir reisen und wie wir anderen Migranten
begegnen, zeigt unsere Haltung zur Menschheit.

Dominik Markl

....

Ich bitte nicht nur für diese hier, sondern auch für alle,
die durch ihr Wort an mich glauben.
JOHANNES 17,20

Als der Mensch vor vierzig Jahrtausenden nach Europa
kam, war er Afrikaner. In Afrika ist Homo sapiens nicht
nur geboren, sondern auch groß geworden, hunderttausend
Jahre lang. Von jeher war der Mensch ein Wanderer, zog den
Herdentieren nach. Und ein Läufer, an Ausdauer anderen
Säugetieren überlegen. Er konnte Gazellen bis zur Erschöp-
fung hetzen und bloß mit einem Stein erlegen. Erst als die
Wüsten Nordostafrikas und Arabiens zu grünen begannen,
zog der Mensch über den Grabenbruch der Kontinente,
zunächst nach Indien und bis nach Australien, dann nach
Europa. In Europa traf Homo sapiens auf den Neandertaler,
der bald darauf verschwand. Der Mensch wanderte weiter,
am Ende der letzten Eiszeit über Sibirien nach Amerika. Als
Migrantin erschloss sich die Menschheit die Welt. In Hochkulturen organisierte sich der Mensch in Tausendschaften,
zog aus, um Länder zu erobern, Völker in die Flucht zu schlagen oder in die Gefangenschaft zu führen. Schon in der
Antike wurden Millionen in fremde Länder zwangsdepor-
tiert. Auch im Frieden trieb Hungersnot den Menschen in
neue Teile der Welt. Wer bessere Chancen suchte, wurde
zum Wirtschaftsflüchtling, floh aus dem Europa der harten

Winter, aus den Alpen, aus dem Burgenland, aus Irland. Die sich heute Amerikaner nennen, waren zum großen Teil europäische Außenseiter und Wirtschaftsflüchtlinge. Nordmenschen raubten und verschifften Millionen Afrikaner nach Amerika, während sie die ursprünglichen Amerikaner in die letzten Winkel des Kontinents vertrieben.

Ihrem Wesen nach auf der Suche, auf der Reise, getrieben, gezwungen, gelockt, versinnbildlichte die Menschheit ihre Beweglichkeit auch in ihren Mythen. Über Meere geht der Mensch in der Odyssee, durch Meer und Wüste hindurch im biblischen Exodus. Abraham und Israel ziehen als Wirtschaftsflüchtlinge nach Ägypten. Als Volk von Flüchtlingen wird Israel zum Gottesvolk. Adam bleibt aus dem Paradies vertrieben, unstet, schweißgeplagt. Jesus ist ein Wanderprediger, sein Leben ein Weg nach Jerusalem. Am Jordan, am Grabenbruch der Kontinente, am Durchzugsweg der Menschheit, wo Israel ins Gelobte Land zog, dort lässt sich Jesus taufen. Wenn er betet, richtet sich sein Blick auf die ganze Menschheit. »Geht zu allen Völkern …!« Jüdische Diaspora, christliche Mission, islamische Expansion, Kreuzzüge, Missionsreisen verschränken sich mit Karawanen, Seidenstraßen, Kolonialisierung, Entdeckungen neuer Welten. Auch die Geschichte der Religionen ist eingeschrieben in die Geschichte der menschlichen Beweglichkeit.

Wir alle kommen aus Afrika. Die Menschheit ist ihrem Wesen nach Migrantin. Erst der moderne Nationalstaat hat Völker konstruiert, indem er kollektive Ängste in territoriale Staatsgehege teilte. Eiserne Vorhänge, im Norden Ungarns vor wenigen Jahren abmontiert, sind nun im Süden des Landes mit Rasierklingen gespickt wieder aufgespannt. Wie wir selbst reisen und wie wir anderen Migranten begegnen, zeigt unsere Haltung zur Menschheit.

Eins sein, wenn es schwierig ist

Scheidung und Trennung bergen eine Chance
zu Neuem. Sie müssen nicht den Unfrieden
in der Welt vergrößern.

Josef Steiner

....

Alle sollen eins sein: Wie du, Vater, in mir bist und ich
in dir bin, sollen auch sie in uns sein, damit die Welt glaubt,
dass du mich gesandt hast.

JOHANNES 17,21

Es war nicht einfach, die geschiedene Frau zum siebzigsten Geburtstag einzuladen. Und es war für sie nicht einfach, die Einladung anzunehmen. Aber eine vierzigjährige gemeinsame Geschichte, die sich tief in beide Biografien eingegraben hat, lässt sich nicht verdrängen. Die vielen durchwachten und durchlittenen Nächte mit sechs Kindern und einem Pflegekind. Das Staunen über deren Entwicklung und die damit verbundenen Kämpfe. Die Pflege und Förderung von Begabungen und der darin sich zeigenden Wege zu Beruf und Aufgaben. Die Suche nach Freundinnen und Freunden und nach verbindlichen Partnerschaften. Das Glück, acht Enkelkinder und deren Großwerden zu erleben und in deren Welt einen Platz als Oma und Opa zu bekommen. All das ließ beide ihre Probleme, Konflikte und Auseinandersetzungen in den Hintergrund stellen und über den eigenen Schatten springen. So wurde die Gegenwart beider der Rahmen für ein Fest, bei dem sich alle achtzig Gäste wohlfühlen konnten. Acht Enkelkinder, von zwei bis dreizehn Jahren, sangen ein herzerweichendes Lied, und die sechs Kinder mit ihren Partnerinnen und Partnern – alle musikbegabte und singfreudige Geschöpfe – erfreuten mit kreativen und originellen Liedern und Musikeinlagen die Festgemeinschaft. Und gemeinsame Freunde aus früheren Zeiten der Ehe konnten frei und ungezwungen mit beiden sich erinnern, austauschen und für die Zukunft planen. Ein Fest, bei dem die Frage im Raum stand: Wie steht es wohl um die beiden Geschiedenen? Ihre Gegenwart sprach für sich. Alle Gäste waren sich einig, dass zumindest die Früchte ihrer Ehe gut und genießbar sind.

Das Verhältnis zwischen Judentum und Christentum ist geschichtlich am ehesten von der Scheidung her zu begreifen. Jesus war ja nicht gekommen, um Frieden auf die Erde zu bringen, sondern – um es mit seinen Worten zu sagen – Spaltung, Trennung. Er war sich bewusst, dass sein Programm, die Völker, die Welt mit der Bibel bekannt zu machen, das eigene Volk provozieren würde. Und dass seine Schülerinnen und Schüler diesen spirituellen Weg der Trennung zum Wohl für die Welt weitergehen müssten. So liest sich ja auch die Geschichte der Trennung zwischen Judentum und Christentum in den ersten Jahrhunderten wie ein Scheidungskrieg, der nicht nur verbal geführt wurde, sondern physische Gewalt einschloss. Erst die Shoah des 20. Jahrhunderts hat Päpste und Kirchenleitungen dazu bewogen, sich endgültig von abschätzigen Haltungen gegenüber dem Judentum loszusagen. Beide Religionen haben jetzt die Chance, gemeinsam den Herausforderungen und Nöten der Welt zu begegnen und einander in der ihnen gestellten Aufgabe näherzukommen. Dieses Zeugnis wird die Welt überzeugen. Um es mit einem Wort eines Freundes zu sagen: Wenn nach einer Scheidung zwei beziehungsfähige und lebensfreudige Partner dastehen, dann war die Entscheidung zur Trennung richtig. Das gilt auch für die Beziehung zwischen Judentum und Christentum.

Die Liebe hat einen Namen

Wer ragt für dich aus der Menge heraus?
Welches Gesicht kennst du? Wer ist deine Brücke
zu den Vielen?

Georg Sporschill

....

Ich habe ihnen deinen Namen bekannt gemacht und werde ihn
bekannt machen, damit die Liebe, mit der du mich geliebt hast,
in ihnen ist und damit ich in ihnen bin.

JOHANNES 17,26

Ein turbulentes Studienjahr in Paris – 1968 – hatte mich
dazu bewogen, nicht mehr ins Priesterseminar zurückzu-
kehren. Das Theologiestudium setzte ich auf Drängen meines Vaters fort, doch ich suchte neue Wege. Mit meinem
Freund Josef folgte ich der Einladung eines Professors, Assis-
tenzdienste zu übernehmen. Er wollte uns in die praktische
Theologie einführen und gab uns jede Woche Aufgaben: Wie
gewinne ich einen Freund? Was sage ich einem Hilfe suchen-
den Menschen? Wo finde ich jemanden, der mich braucht,
und wie gewinne ich sein Vertrauen? Der Professor weckte
Ehrgeiz in Josef und mir, wir entdeckten und entwickelten
unsere Begabungen. Besonders spannend wurde sein un-
gewöhnlicher Zugang zur Bibel, den uns der Professor erschloss. Einmal in der Woche durften wir für eine Stunde zu
ihm kommen, mit schriftlicher Vorbereitung und Bericht
über unsere Aktivitäten. Aus den wöchentlichen Sitzungen
wurden tägliche Treffen, und wir wurden enge Freunde von
Wolfgang. Er nahm uns mit in die Berge. Er lud uns in ein
Heim für Schwererziehbare ein, die er betreute. Beim Besuch

im Gefängnis begegnete ich zum ersten Mal einem jugendlichen Mörder. Im Schwimmbad lehrte er uns die Mystik. Wenn wir den Mädchen nachschauten, weitete er unseren Blick. Er kam nicht mit moralischen Verboten, sondern gab uns Ziele. Staunen sollten wir lernen und uns binden. Ich spürte in mir den Wunsch, so zu leben wie der große Freund. Wolfgang war Jesuit. Die Jesuiten hatte ich bis dahin als Professoren gekannt, wie es damals in Innsbruck viele gab. Für mich war es eine anonyme Gesellschaft, aber durch Wolfgang bekam der Orden für mich ein Gesicht. Er war der Mensch, der mich zum Jesuiten gemacht hat. Ein Name hat mir das Tor meines Lebens geöffnet, zu einer Aufgabe und zu einer Gemeinschaft.

»Ich habe ihnen deinen Namen bekannt gemacht.« So schildert Jesus seine Leistung an den Völkern. In der Dunkelheit der von vielen Göttern versklavten Welt hat Jesus den Namen des Einen zum Leuchten gebracht. In seinem Namen sollten alle Menschen spüren, dass sie von Gott geschaffen und geliebt sind. Jeder Mensch sollte seine Würde und Freiheit bekommen. Vor allem die Frauen und Kinder am Sklavenmarkt. Jeder und jede kann den Namen des Einen anrufen. Die Beziehung ist nicht anonym, sondern hat einen Namen, der ganz persönlich ist. Der Islam wiederum kennt 99 Namen für Gott. Mit meiner Roma-Community meditieren wir jeden Tag einen davon. Heute ist es »der Erniedriger«, morgen »der Erhöher«. Den hundertsten Namen kennt nach islamischer Tradition jeder einzelne Mensch selbst. Er ist sein persönliches Geheimnis. Die Liebe hat einen Namen, so wie jede Beziehung sich von einer anderen unterscheidet.

Mit dem Namen Wolfgang habe ich einen Freund und meine Lebensgemeinschaft gefunden. Wer ragt für dich aus der Menge heraus? Welches Gesicht kennst du? Wer ist deine Brücke zu den Vielen?

Zum Ausklang:
Bei Elijah habe ich gelernt,
die Sterne zu zählen

Zu Hause habe ich am Boden geschlafen. Wie meine großen Schwestern. Nur die vier kleinen Geschwister durften zu Mama ins Bett. Dann war es voll. Am Boden war es hart und kalt. Durch das Dach hat es hereingeregnet. In der Nacht konnte ich die Sterne sehen und manchmal den Mond.

Mit meinem kleinen Bruder Jonuz darf ich jetzt bei der Elijah-Familie wohnen. Ich habe ein eigenes Bett. Es ist warm und ich habe mit Schaum gebadet, der duftet. Sie mussten unsere Haare ganz kurz schneiden, weil wir eine Fußballmannschaft von Läusen hatten. Früher habe ich immer eine Mütze getragen, weil ich mich geschämt habe. Aber jetzt darf ich in die Schule gehen, weil ich sauber bin.

Viele Kinder aus dem Dorf kommen zu uns. Wir haben bei Elijah viel gelernt. Jeder kann mithelfen. Ich zeige den anderen, dass wir im Haus die schmutzigen Schuhe ausziehen. Wir beten miteinander in der Kapelle. Wir haben Gott lieb. Und den Pater und Ruth. Wir sind eine große Familie geworden. Am besten gefällt mir, wenn wir singen und Musik machen. Ich lerne Geige in der Musikschule. Da sind viele Kinder, denen es nicht so gut geht. Ich will ihnen helfen. Vielleicht wohnen einmal alle bei uns.

Ich gehe jeden Tag in die Schule und kann lesen und schreiben und rechnen, bis hundert. Manchmal besuche ich meine Mama. Wenn ich daheim schlafe, dann sehe ich den Himmel durchs Dach. Jetzt kann ich die vielen Sterne zählen.

Sina, 10 Jahre

Die Autoren

Georg Sporschill SJ, geboren in Vorarlberg, studierte Theologie, Pädagogik und Psychologie. Mit 30 wurde er Jesuit. In den 1980er-Jahren gründete er zahlreiche soziale Werke in Wien. Ab 1991 baute er mit Ruth Zenkert die Concordia-Sozialprojekte für Straßenkinder in Rumänien, Moldawien und Bulgarien auf. 2012 gründeten sie das Projekt Elijah.

Ruth Zenkert, geboren in Schwäbisch Hall, begann ihre Berufslaufbahn in einer Bank. Seit 1988 wirkt sie maßgeblich beim Aufbau von Georg Sporschills Sozialprojekten mit.

Josef Steiner, geboren in Osttirol, Theologe, war viele Jahre als Pastoralreferent für die Erzdiözese München und Freising tätig. Er ist Referent in Bildungshäusern und Pfarrgemeinden zu biblischen und religionspädagogischen Themen.

Dominik Markl SJ, gebürtiger Tiroler, ist Jesuit und Professor für Exegese der hebräischen Bibel am Päpstlichen Bibelinstitut in Rom. dominik-markl.at

»ROTE NASEN Clowns können Tränen in ein Lächeln verwandeln.«
Rolando Villazón

Clowndoctors aus Österreich, Deutschland, Tschechien, Polen und vielen anderen Ländern erzählen von Erlebnissen mit kleinen und großen Patienten, die sie besonders berührt haben. Da ist zum Beispiel Évi, die voller Begeisterung mit den Clowns tanzt, obwohl sie sich nur mit Mühe auf den Beinen halten kann. Der autistische Álmos, der in Gegenwart der Clowns plötzlich zu sprechen beginnt. Annie, die den Spieß umdreht und ihrerseits die Clowndoctors zum Lachen bringt. Oder die krebskranke Melisa, die ihre Ärzte bereits aufgegeben haben, und die nach dem Besuch eines Clowndoctors die Krise überwindet und wieder nach Hause gehen darf.

Die Erlebnisse der ROTE NASEN Clowndoctors sind so unterschiedlich wie das Leben selbst: von heiter und fröhlich bis rührend und ergreifend. Das zeigen die beeindruckenden Geschichten in diesem Buch.

....

ROTE NASEN Clowndoctors International

Kleine Wunder

Erlebte Geschichten zum Lachen und Nachdenken
Mit einem Vorwort von Rolando Villazón

144 Seiten, mit zahlreichen Abbildungen
ISBN 978-3-99050-016-3
eISBN 978-3-903083-04-2

Auch in englischer Sprache erhältlich:
ISBN 978-3-99050-018-7
eISBN 978-3-903083-06-6

Amalthea www.amalthea.at

Alle Menschen wollen glücklich sein

»Wir sind dazu geschaffen, glücklich zu sein.« Doch tatsächlich kann das Glück nicht erworben oder gemacht werden, es ist nur da, wenn es uns »zufällt«. Christoph Kardinal Schönborn spricht über das Glück des Menschen, das kleine und das große, das vermeintliche und das gefundene. Er erläutert, was es bedeutet, dass alle Menschen für das Glück geschaffen sind.

In dieser Essaysammlung stehen Betrachtungen über das Glück sowie über Liebe und Freundschaft im Mittelpunkt. Doch der Wiener Erzbischof stellt sich auch den wesentlichen Glaubensfragen. Darunter finden sich Überlegungen zum Namen Gottes, zum Trost für die Trauernden und zu den geistlichen Wurzeln Europas. Dass diese Glaubensfragen gleichzeitig echte Lebensfragen sind, zeigt Kardinal Schönborns Auseinandersetzung mit der Literatur, mit Werken von Gertrud von Le Fort, C. S. Lewis und William Shakespeare.

....

Christoph Kardinal Schönborn

Vom geglückten Leben

Herausgegeben von Hubert Philipp Weber

200 Seiten
ISBN 978-3-85002-644-4

Amalthea   www.amalthea.at